ESTAMOS PREPARADOS PARA
CONVIVER COM AS DIFERENÇAS?

MAS, AFINAL, NÃO SOMOS
SEMPRE DIFERENÇA?

ENTÃO...

POR QUE ALGUMAS DIFERENÇAS

INCOMODAM TANTO?

O DIREITO À diferença

SÉRIE INCLUSÃO ESCOLAR

O DIREITO À diferença

UMA REFLEXÃO

SOBRE DEFICIÊNCIA

INTELECTUAL E

EDUCAÇÃO INCLUSIVA

2ª EDIÇÃO

Miriam Pan

sumário

algumas palavras:

o caminho percorrido

algumas palavras: o caminho percorrido

AS QUESTÕES LEVANTADAS NESTA OBRA anunciam algumas inquietações que perpassam o livro de ponta a ponta e que há muito tempo me acompanham. São efeito de muitas histórias que com a minha se entrelaçaram e de inúmeros diálogos com elas estabelecidos e por elas desencadeados.

O primeiro diálogo é com um texto de minha autoria e que consta em meu livro anterior, também publicado pela Editora InterSaberes. Fruto de uma experiência com a formação de professores iniciada em 1983, quando eu coordenava o então Serviço de Triagem, Avaliação e Encaminhamento de Excepcionais, do Departamento de Educação Especial da Secretaria de Estado do Paraná, e intensificada mais tarde com os programas de capacitação de professores da educação especial nos cursos de especialização lato sensu, este primeiro texto foi aqui retomado e ampliado.

A temática que perpassa esse primeiro diálogo está associada à insatisfação com o modelo vigente de avaliação, puramente classificatório, que me levou à busca de um modelo diferenciado, que oferecesse subsídios psicopedagógicos aos professores, tanto do ensino regular quanto do especial. A avaliação apontou em direção a um dos problemas de pesquisa mais relevantes de minha vida, ao qual me dediquei nos principais estudos que desenvolvi, em especial no mestrado e no doutorado: a análise do fracasso escolar. Atualmente entendo que este mesmo problema vem sendo enunciado de outro modo: inclusão escolar. Com ele – como professora e pesquisadora da Universidade Federal do Paraná (UFPR) – continuo em minha pesquisa atual intitulada *Práticas de letramento e processos subjetivos: um estudo sobre exclusão escolar*, investigando as novas configurações subjetivas delineadas nas práticas de letramento escolar e as novas formas de exclusão escolar.

O segundo grande diálogo deste livro é estabelecido com minhas pesquisas de mestrado e doutorado, das quais extraí alguns fragmentos para serem integrados ao texto desta obra. Do mestrado trouxe a consolidação de meu referencial teórico que repousa em Vigotski e Bakhtin, a partir de uma forte influência da incursão que fiz nas concepções discursivas da linguagem por meio da linguística. Esse estudo trouxe como contribuição a dimensão linguística de análise do processo de apropriação da escrita nas culturas letradas, possibilitando a interpretação das operações que a criança faz com a língua como parte do processo de letramento, e não como sinais patológicos. Os resultados desse trabalho fundamentaram a pesquisa que coordenei entre 1998 e 2002, intitulada *Psicologia escolar e intervenção pedagógica*, a qual se direcionava à investigação/intervenção em casos de crianças com queixa de sofrimento escolar encaminhadas ao Centro de Psicologia Aplicada (CPA) da UFPR. Trouxe também do mestrado o caso de Juli, construído em um momento de minha trajetória acadêmica no qual trabalhar com a investigação e a intervenção de uma criança com diagnóstico de deficiência intelectual tinha se tornado ponto de honra. Era minha intenção fazer uma crítica aos modelos de avaliação vigentes. Mas era muito mais ardente o desejo de construir alternativas de investigação e intervenção nos campos da linguagem e da subjetividade. De minha pesquisa desenvolvida no doutorado trago a análise da produção subjetiva da normalidade/anormalidade nas instituições contemporâneas. Naquele momento, os trabalhos de Solange Jobim e Souza e de Lucia Rabelo Castro na análise crítica da psicologia do desenvolvimento constituíram-se em ferramentas importantes para compreender as práticas institucionais escolares como produtoras de subjetividade diretamente implicadas com o binômio normalidade/anormalidade. A intervenção nesses contextos também fez parte dessa pesquisa.

O terceiro diálogo, o qual pode auxiliar na compreensão do procedimento metodológico aqui descrito, é com minha experiência clínica. Com ela a busca da alteridade configura-se talvez como a mais importante contribuição deste livro. O atendimento clínico de pessoas com grave comprometimento intelectual e de linguagem somava-se às minhas angústias advindas do trabalho pedagógico realizado com aquelas crianças encaminhadas das escolas ou para as escolas e que pouco podiam beneficiar-se dele. Nesse sentido, a menina Juli fala por inúmeras crianças e jovens com quem estabeleci relações extremamente significativas em minha prática clínica, desde 1981; Elane e Rosa falam por outras tantas com quem tive contato como supervisora de estágio profissional do Curso de Psicologia desenvolvido no CPA da UFPR.

Assim, inicialmente, procurei revisitar a história do conceito na tentativa de resgatar os processos de produção de sentidos sobre a deficiência intelectual e as práticas decorrentes: das asilares às práticas radicais de inclusão. A compreensão da inclusão como uma conquista de direitos humanos, num contexto de globalização da economia e de novas e inusitadas formas de exclusão, é a contradição que desejo explicitar. Na sequência, meu foco recaiu sobre as políticas de inclusão para marcar uma diferença: da invisibilidade absoluta a uma nova forma de visibilidade – a inclusão e os riscos do discurso da inclusão radical em relação à alteridade. Nesse ponto, chamo atenção para uma grande suspeita que surge no cenário atual: estamos preparados para conviver com outros, diferentes de nós?

Por fim, busco discutir a questão da alteridade como elemento que considero relevante para a consolidação de qualquer política de inclusão. A forma como tentei conduzir essa discussão aqui foi inspirada no método dialógico. Esse conceito bakhtiniano faz da pesquisa em ciências humanas uma possibilidade de resgatar o lugar do "outro", da alteridade. A transformação deste "outro" – sujeito – em objeto do conhecimento é minha crítica radical, e talvez o que gere mais tensão no texto. A tentativa de restituir o lugar deste "outro" – objeto – está na base de meu posicionamento teórico-metodológico. Colocar o "outro" – uma pessoa com deficiência intelectual – em relação de alteridade é uma possibilidade de com ele aprendermos sobre a cegueira que nos assombra e nos protege da mais profunda ignorância sobre nós mesmos.

introdução:

que inclusão queremos?

introdução: que inclusão queremos?

O TEMA DESTE LIVRO ENVOLVE um dos desafios da chamada *revolução de paradigmas* no processo de ensino-aprendizagem de nossa época: a educação inclusiva. Ela ganha coro com as políticas públicas que se inserem no cenário atual de nosso país a partir da Constituição Federal, segundo a qual todos devem ser educados "preferencialmente" no ensino regular. Sabemos, no entanto, que garantir o direito de todos à educação não basta, é preciso assegurar uma educação de qualidade, uma verdadeira educação especial para todos. Colocar crianças com necessidades especiais na escola regular apenas para que a lei seja cumprida é uma atitude intolerável. E não há garantia para que a educação inclusiva não se torne tão ou mais excludente do que a educação exclusiva praticada fora da escola regular.

Nesse sentido, ressaltamos a importância das conquistas legais, visto que elas são inquestionáveis; porém, devemos evidenciar que a inclusão, especialmente com seus ares de novidade, precisa ser debatida em profundidade. O que deve ser colocado em discussão não é se somos favoráveis a ela ou não, mas qual tipo de inclusão queremos. Colocada desse modo, a questão se desloca para outro eixo: a escola tem cumprido a promessa de sucesso nela contida? E isso é para todos? O nosso modelo de escola atende ao que está determinado nas diferentes orientações oficiais para que se cumpra a lei? Essas perguntas nos remetem a uma análise das nossas práticas pedagógicas, levando-nos a perscrutar os novos sentidos que se desenham em torno da palavra *inclusão*, em especial por nos remeter a uma fronteira tênue entre o acolhimento e o abandono. A brecha evidenciada pela expressão *preferencialmente* será o guia de uma reflexão conduzida de forma a produzir a dúvida, desestabilizar sentidos, ampliar e confrontar conceitos.

Ao tomar o campo de estudo das deficiências intelectuais como foco desse debate, constatamos que as formas de conhecimento dominantes na modernidade nos levam a entendê-las como uma descoberta da ciência moderna, com seus avanços nos diferentes campos de produção do conhecimento, fruto do progresso, resultado da evolução. Esse modo valorizado, contudo, cria zonas de visibilidade que possibilitam pensarmos a deficiência como fato da natureza dos homens, descoberta pelos métodos de investigação científica, impossibilitando-nos de compreendê-la como efeito das formas de relação e organização social moderna e contemporânea. Ao analisarmos os progressos que fizemos com a criação de novas técnicas, novos métodos, constatamos também que os incrementamos, em nome do que costumamos tratar como deficiências, com procedimentos que justificam uma educação separada. Nessas práticas, o diagnóstico tem sido o procedimento central para a tomada de decisões, antes de qualquer outro, sobre onde devemos educar uma criança. O raciocínio se inverte com a chamada *educação inclusiva*, ou seja, a criança deve ser educada preferencialmente na sala de aula regular, sendo-lhe asseguradas condições metodológicas para que sua aprendizagem ocorra. Não é mais a criança que deve ser responsabilizada pelos seus déficits; é a escola que deve estar preparada para educar a todos. É aqui então que precisamos perguntar: estamos preparados para ensinar a todos, inclusive àqueles que pensam de forma diferente?

Assim, queremos conduzir nossa reflexão sobre deficiência intelectual e educação inclusiva de modo a retratar a metamorfose dos conceitos, resgatando os seus contextos de produção de sentidos, relacionando-os aos discursos dominantes sobre a escola e a criança, em especial aquela com diagnóstico de deficiência intelectual. Diante dos desafios que a educação inclusiva impõe, lançamos um questionamento que deverá nos acompanhar ao longo do livro: estamos preparados para conviver com as diferenças? Afinal, somos sempre diferença! Mas por que algumas diferenças incomodam tanto?

de ciência intelectual

o processo histórico

de produção de sentido

DEFICIÊNCIA INTELECTUAL: O PROCESSO HISTÓRICO DE PRODUÇÃO DE SENTIDOS

A ANÁLISE DO CONCEITO de deficiência intelectual que propomos neste capítulo traz a recomposição da história não apenas do conceito, mas também dos processos de produção de sentidos que lhe deram visibilidade em momentos históricos específicos. Elegendo como orientação argumentativa as teorias discursivas, em especial a concepção bakhtiniana, tomamos como nosso objeto de investigação as práticas relativas à deficiência intelectual e os discursos que as autorizam, procurando evidenciar a tensão, o conflito e as relações de poder a produzir sentidos e transformar conceitos, bem como a determinar aqueles que podem enunciá-los – ou seja, que estão autorizados a investigar, diagnosticar, encaminhar e tratar as pessoas com deficiência intelectual – e a definir como e onde fazê-lo. Dessa forma, não pretendemos fazer julgamento de valor dirigido em especial ou diretamente à pessoa com deficiência ou à pessoa do médico, do psicólogo ou do pedagogo que a diagnostica, mas aos sentidos que essas práticas adquirem em determinados contextos e aos seus efeitos sobre o modo como a sociedade pensa e age em relação ao indivíduo com deficiência. Grande parte das reflexões enfocadas neste capítulo concentram-se, assim, no estudo da modernidade, que nos leva a identificar uma grande transformação nas práticas discursivas voltadas às pessoas com deficiências. Com o distanciamento necessário, buscamos analisar o invisível existente nos discursos que enredam políticas e práticas da educação – especial ou regular.

[1] FORMAS DE NOMEAR O "OUTRO"

Sempre que começamos a discorrer sobre as deficiências intelectuais, as primeiras questões que se apresentam dizem respeito ao termo usado para nos referirmos a esse conceito e às pessoas a ele relacionadas. Qual o correto, ou politicamente correto, para nosso tempo: *deficiência mental, retardo mental, deficiência intelectual? Excepcional, deficiente, pessoa com deficiência, pessoa com necessidades educativas especiais?* E assim deslizamos por uma série de expressões comumente empregadas. Entre elas, algumas assumem o caráter de inovação na busca pela superação de preconceitos, isto é, como indicação de novo paradigma, ensejo de grandes transformações. Outras atravessam décadas e consolidam os sentidos das diferenças intelectuais em determinado período histórico.

Assim, verificamos que alguns termos sobrevivem por mais de um século, como é o caso de *retardo mental*, atualmente presente nos mais importantes códigos de classificação de doenças, como veremos mais adiante. Por outro lado, constatamos a efemeridade de outras expressões, como, por exemplo, *indivíduo excepcional*, cunhada na década de 1960, em meio a um discurso integracionista em relação à educação de pessoas com deficiência, o qual expandiu pelo mundo todo. Afirmar que uma pessoa era excepcional significava que se tratava de alguém especialmente talentoso. Difundido por obras clássicas como *O indivíduo excepcional*, de Telford e Sawrey (1978), o termo era uma tentativa de atribuir um sentido positivo aos indivíduos que recebiam as denominações de *retardado* ou *deficiente*, superando as atitudes preconceituosas em que eram enunciadas. Não se passaram 20 anos para que a palavra *excepcional* caísse na trama de sentidos, retratando atitudes de preconceito e discriminação social. Desse modo, como esse termo tivesse adquirido um sentido negativo em pouquíssimo tempo, novas expressões passaram a circular, como, por exemplo, *pessoa com necessidades educacionais especiais*, *pessoa especial*, ou apenas *especial*, na tentativa de apagar o sentido da deficiência. O que podemos concluir desse panorama é que todos os termos tornam-se problemáticos na medida em que são lançados na arena de vozes sociais, na linguagem cotidiana, inscrevendo-se no verdadeiro sentido atribuído à anormalidade nas práticas sociais discursivas.

Temos ainda o debate entre as expressões *deficiência mental* e *deficiência intelectual*, que surge das recentes discussões empreendidas nos meios acadêmico e científico que buscam superar as concepções deterministas e idealistas da "mente" ou da "inteligência", para compreendê-la no campo das diferenças humanas e intelectuais. Um dos indicativos mais importantes dessa mudança é a alteração do nome de uma das mais representativas e influentes associações da área, a Americam Association of Mental Retardation (AAMR), que, a partir de janeiro de 2007, modificou seu nome para American Association on Intellectual and Developmental Disabilities (AAIDD), substituindo *retardo mental* por *deficiências intelectuais*.

De todo modo, é importante observar que o termo mais comumente encontrado na legislação e em boa parte da produção científica contemporânea é *deficiência mental*, embora a expressão *deficiência intelectual* seja indicada como a mais adequada em documentos recentes, como o da AAIDD (AAMR, 2002) e a Declaração de Montreal (Congresso Internacional "Sociedade Inclusiva", 2001). Faz-se necessário compreender, entretanto, um pouco além do termo politicamente correto, aprofundando o debate sobre as transformações sociais pressupostas para a implementação de um modelo inclusivo de sociedade e de educação. As novas formas de nomear podem apenas representar o esconderijo de velhas arapucas a maquiar valores sociais contraditórios e a encobrir as tensões geradoras de novas formas veladas de exclusão.

Tanto a palavra *deficiência* (atualmente mais comum nas literaturas pedagógica e psicológica, bem como na legislação) quanto a expressão *retardo* (comum na literatura médica) produzem como efeito a visão comparativa entre indivíduos em relação à mente ou ao intelecto. E foi como *oligofrenia* – "pouca mente" – que a deficiência mental inscreveu-se nos parâmetros da ciência moderna. Embora as indagações sobre a "mente" já constituíssem um enigma a ser desvelado desde a Antiguidade, é com o Iluminismo que o sentido da deficiência mental se estabiliza em uma dimensão patológica.

Desde a Antiguidade Clássica até a modernidade* e chegando às mais diversas especialidades contemporâneas, a definição da mente, suas relações com o corpo e com outras mentes, bem como com o que convencionamos chamar de *realidade*, ainda continua em aberto. Mesmo com os avanços científicos que culminaram no final do século XX com a chamada *década do cérebro*, o problema da mente humana persiste e resiste a inúmeras tentativas de solução.

Na literatura filosófica, a palavra *mente*, como esclarece Mora (2001), pode ser usada como equivalente a *psique*, *espírito* e *alma*, e a palavra *mental* como equivalente a *psíquico*, *espiritual* e *anímico*. Como alma e espírito adquirem sentidos tradicionalmente ligados a questões filosófico-religiosas, tende-se a empregar os termos *psique* ou *psíquico* em acepções predominantemente psicológicas e epistemológicas. O termo *mente*, embora mais amplo, pode estar empregado como *intelecto*, com significado de "inteligência". Nesse caso, seu sentido poderia ser traduzido como "agente intelectual que usa a inteligência". Pode

* O conceito de modernidade será oportunamente explorado na próxima seção.

possuir, assim, o sentido primariamente de "intelectual". Daí a nova terminologia utilizada: *deficiência intelectual.*

As questões trazidas pelos sentidos de *mente, espírito, alma* remetem também à questão mais tradicional da relação – de comparação ou contraste – entre corpo e alma, físico e psíquico. Tornam-se objeto de oposição entre concepções materialistas e idealistas, as quais endossam os grandes debates epistemológicos no campo da definição de inteligência. Ressaltemos, a propósito, que as diferenças relativas à inteligência tornam-se desafio central de investigação de diferentes especialidades contemporâneas.

A temática das diferenças, contudo, não é menos complexa do que a da mente. O binômio igualdade-diferença é amplamente tratado em contextos diversos, desde o do mundo das ideias de Platão até o das sociedades modernas. Com base na análise concreta das práticas sociais e do valor atribuído a certos tipos de "diferença" a partir dos pressupostos do materialismo histórico e dialético, nenhum tratamento simplista pode ser dado a essa questão. A análise das práticas sociais em relação às diferenças humanas explicita, mais que a evolução de um conceito científico, a atitude das diferentes sociedades e culturas para com seus membros, em diferentes momentos históricos. Tal análise revela a relação direta entre essas práticas e as formas de produção econômica, as quais são determinantes na aceitação e na exclusão daqueles considerados pouco produtivos. As ações de aceitar e excluir demonstram, por sua vez, o modelo de homem considerado ideal em cada época.

Já na Antiguidade Clássica são evidenciadas situações de exclusão social, na medida em que essas situações provocavam uma desigualdade explícita entre os cidadãos: havia os que habitavam e os que não habitavam os intramuros das cidades, sendo estes últimos considerados não-cidadãos, os bárbaros (Carone, 1998). Nesse sentido, a questão da inclusão tem uma ressonância que é milenar quando se tenta definir quem deve frequentar – preferencialmente – as salas de aula do ensino regular. Ganha também uma amplitude oceânica – histórica, econômica, política, científica, técnica etc. –, não podendo ser reduzida a uma simples discussão terminológica.

Desse modo, evidenciam-se a complexidade e a multiplicidade de dimensões implicadas no conceito de deficiência, impossível de ser reduzido a uma definição única ou de ser retratado pelo melhor termo. Assim, escolhemos um caminho, dentre tantos outros possíveis, para examinar esse conceito: compreendê-lo a partir dos diferentes sentidos atribuídos às diferenças humanas, em particular as diferenças intelectuais.

Dito isso, qual expressão usar, então? Caso alguém fique paralisado pela dúvida sobre como nomear o "outro", podemos dizer que já temos um bom começo, pois o melhor mesmo é que o chamemos pelo seu nome. Estamos, pois, diante de uma questão ética envolvida na temática das diferenças. Porém, o campo de estudos da deficiência intelectual, a teoria da deficiência mental – embora esta não exista fora da pessoa –, é um campo de estudos da ciência, a qual costuma tomar seus objetos de estudos, no caso a deficiência, separadamente, abstraindo-os de sua realidade social concreta. É assim que a ciência moderna toma seus objetos. O grande risco desse modo de conhecimento, devemos reconhecer, é que o sentido atribuído à deficiência ocupe o lugar da pessoa, objetificando-a, estigmatizando-a. E a saída para esse risco pode ser tão ingênua ou ilusória como o é a busca por um novo nome, como, por exemplo, *indivíduo excepcional*, presumindo-se que o uso de um novo termo possa mudar uma prática histórica e social que é milenar. Quando se pressupõe que a essência da pessoa é excepcional ou deficiente em relação a uma suposta essência normal, ou seja, que ela é boa ou má, capaz ou incapaz, a expressão remete diretamente ao **ser**. Aqui reside o possível equívoco: queremos saber o que a pessoa tem para saber o que ela é. Por exemplo: **se** um aluno tem deficiência intelectual, então ele **é** deficiente. Consequentemente, não vai desenvolver-se, não vai aprender, não vai ler e escrever etc.

Quando atribuímos ao "outro" uma identidade anormal – não importa qual seja o nome escolhido –, atribuímos-lhe sentidos cujo efeito o vincula a um grupo em que sua individualidade é subtraída. Aqui estamos no campo da ética, em cujos limites vale indagar então – e aqui o termo não é relevante – sobre qual lugar damos ao "outro", diferente de "nós".

Assim, é importante o cuidado com o emprego de algumas expressões que remetem diretamente à essência da pessoa, pois elas refletem a compreensão de que a deficiência faz parte da natureza do indivíduo, ou tem nele sua origem. Outro cuidado necessário é sabermos **por que** queremos um nome para o "outro" e **o que** pretendemos com isso. Colocados esses alertas, seguiremos adiante em busca da história das práticas em que se inserem as diferenças intelectuais e dos sentidos atribuídos a essas diferenças.

[2] CONCEITOS E PRÁTICAS EM QUESTÃO

A construção do sentido da chamada *deficiência intelectual* passa por movimentos contraditórios incessantes ao longo da história, resultantes de práticas que oscilam entre, de um lado, a absoluta indiferença e até mesmo formas de extermínio e, de outro, interessantes formas de acolhimento, como a pena, a caridade e a tolerância. Em toda essa história, é notável a forma com que a deficiência se destaca e se diferencia do restante do cenário da vida social, consolidando-se seu sentido de "anormalidade". Esse sentido representa um escudo a proteger-nos contra qualquer dano, mal ou prejuízo que as pessoas circunscritas à deficiência possam representar para a sociedade. O século XX deixou sua marca na conquista dos direitos humanos e da cidadania desses indivíduos. As incessantes lutas travadas nessa direção – e a inclusão representa seu ápice – consolidaram novos passos na busca pela democracia. Cabe, contudo, ressaltar as novas formas de configuração das práticas de inclusão/exclusão, delineadas a partir dessas conquistas. Uma breve retrospectiva histórica nos auxiliará a recuperar alguns desses sentidos.

[2.1] AS MARCAS TEOLÓGICAS NO CONCEITO DA DEFICIÊNCIA INTELECTUAL

A obra de Pessotti (1984) intitulada *Deficiência mental: da superstição à ciência* apresenta uma ampla análise histórica da deficiência mental (observemos que é essa a denominação empregada pelo autor), dando-nos caminhos para a compreensão da construção desse conceito ao longo da história da humanidade, bem como dos sentidos e dos sentimentos remanescentes entre nós até os dias de hoje. O autor informa que pouco se pode afirmar sobre a deficiência mental antes da Idade Média e ressalta que esse período é até mesmo obscuro em termos de informações documentadas sobre o tema, restando apenas especulações sobre extremismos. É o caso da organização sociocultural da Grécia, especialmente de Esparta, com seus ideais atléticos e clássicos, além de classistas, em que se pregava a eliminação ou o abandono dos deficientes, considerados sub-humanos. Aqueles que nasciam com uma deficiência eram exterminados ou abandonados, o que não representava um problema de natureza ética ou moral.

É graças à doutrina cristã que os deficientes passam a escapar do abandono ou da "exposição". Ganham alma no plano teológico, tornam-se pessoas e "filhos de Deus", como os demais seres humanos. Apesar desse *status* de **ser humano**, a deficiência mental adquire significados teológicos e religiosos paradoxais que levam a atitudes sociais contraditórias: "Tem alma, mas não tem virtudes, como pode ser salvo do inferno? Qual a culpa pela deficiência e a quem atribuí-la?" (Pessotti, 1984, p. 5).

Por um lado, essas pessoas ganham abrigo e asilo. Com isso, a condição da sua inclusão na categoria *humanidade* é também a condição de seu exílio. Por outro, por exigências éticas e religiosas da cristandade, esses indivíduos são tomados como portadores de culpa e castigo, seu e de seus antecedentes. A marca *caridade-castigo* define, assim, a atitude medieval diante da diferença/deficiência. Enquanto a caridade protege a pessoa escondendo-a e isolando-a no asilo, o castigo a protege salvando sua alma.

A Inquisição Católica, tribunal eclesiástico instituído pela Igreja Católica Romana, vigente na Idade Média e no início dos tempos modernos, deixou marcas importantes sobre a história da deficiência mental. Conforme Pessotti (1984), o *Directorium Inquisitorum*, escrito por volta de 1370 por Nicolau Emérico, o grande inquisidor de Aragão, constituía-se numa forma de manual em que se encontravam conceitos e normas a serem seguidos no processo inquisitorial. Segundo estudos de Pessotti (1984), textos como estes que regiam o processo inquisitorial dão indícios de que pessoas com certas deficiências mentais leves, ou limítrofes, podiam ter que se submeter ao julgamento da Inquisição. As instruções eram claramente perigosas no que se referia ao comportamento linguístico dos acusados. Assim, por exemplo, o inquisidor era prevenido quanto à situação em que o acusado respondia a algo que não se lhe perguntava ou não respondia àquilo sobre o que era interrogado, sendo então considerado herege. Ainda, a tortura era recomendada quando "à má reputação se juntam os maus costumes, por exemplo, os que são incontinentes e que têm grande inclinação por mulheres". Nessa época, o mais trágico, afirma o autor, "é que a hierarquia clerical de toda Europa, com toda a dialética aristotélica e depois escolástica, armada de toda sapiência teológica, e dona dos meios de comunicação, não conseguiu vencer as superstições que condenava" e, o que é pior, "ingenuamente ou diabolicamente difundiu e avalizou as crendices populares nos poderes paranormais ou sobrenaturais de adivinhos, feiticeiros e outras criaturas bizarras e de hábitos estranhos". Nesse contexto, a deficiência é relacionada à punição divina e à transgressão moral e social (Pessotti, 1984, p. 9).

Assim, a prática medieval em relação à deficiência mental – especialmente após a difusão europeia da ética cristã – atribuiu-lhe uma identidade sobrenatural, marcada pela superstição. O auge ocorreu em uma época conhecida como "dos açoites", sendo o homem o próprio mal quando lhe faltava a razão ou a graça celeste a iluminar-lhe o intelecto. Os dementes eram tidos como seres diabólicos.

[2.2] AS MARCAS DA MODERNIDADE NO CONCEITO DA DEFICIÊNCIA INTELECTUAL

A teoria da deficiência intelectual foi totalmente abalada com os efeitos das grandes transformações ocorridas na sociedade ocidental entre os séculos XVI e XVIII, isto é, com a consolidação de um novo ideário, de uma nova consciência: a modernidade.

A modernidade construiu um ambicioso e revolucionário projeto cultural, que buscou transformar a face da Terra pela fé na ciência e na técnica aplicadas às forças produtivas, nas relações liberais de mercado, como capazes de implementar um Estado justo e próspero, na positividade do progresso e na sua constante renovação e superação (Hipertexto, 2007).

Segundo a análise de Vattimo (1996), a modernidade pode ser caracterizada como a "época da história", em oposição à visão naturalista e cíclica do curso do mundo:

> *[a modernidade é] dominada pela ideia da história do pensamento como uma "iluminação" progressiva, que se desenvolve com base na apropriação e na reapropriação cada vez mais plena dos "fundamentos", que frequentemente são pensados também como as "origens", de modo que as revoluções teóricas e práticas da história ocidental se apresentam e se legitimam na maioria das vezes como "recuperações", renascimentos, retornos.*

Mais que um período histórico, essa nova mentalidade produziu grandes revoluções em diversos campos – na arte, na política, na ciência, nas relações comerciais, na organização social como um todo –, as quais levaram a uma valorização cada vez maior da natureza e do conhecimento construído pelo homem. A natureza humana, antes definida por uma suposta alma imortal, ganhou uma explicação segundo preceitos de uma ciência moderna – e das relações que então se estabeleceram entre processos orgânicos (cérebro e lesões anatômicas foram importantes para o caso da deficiência intelectual), comportamentos e sintomatologias clínicas.

O sentido da "iluminação" teve seu ápice no século XVIII – o chamado *Século das Luzes* –, com a ênfase nas ideias de **progresso** e perfectibilidade humana, bem como com a defesa do conhecimento racional. Segundo Horkheimer e Adorno (1985), o Iluminismo pode ser compreendido como uma tradição cultural que se definiu pela postura crítica e pelo combate a todas as tradições. Tinha por objetivo libertar o ser humano para o desempenho, de modo que ele, com seu poder técnico e manipulatório sobre a natureza, pudesse domá-la e submetê-la às suas próprias finalidades. Os temores das forças obscuras que dominavam até então deveriam ceder ante a crítica livre e racional, da qual se esperava a quebra de todos os bloqueios que limitassem o progresso em seu domínio técnico e prático. Com essa tradição cultural, instaurou-se o reinado da **razão**, que tinha como prática a clara separação entre sujeito e objeto, substituindo-se a oposição homem-Deus pela oposição homem-mundo.

Com a evolução das ciências naturais, a discussão sobre o desenvolvimento humano ganhou uma dimensão científica, com explicações advindas principalmente das teorias inatistas, segundo as quais dons ou conhecimentos têm existência inata. Nesse contexto, empreenderam-se esforços para explicar a deficiência intelectual a partir de uma causa orgânica ou inata, relacionando-a à hereditariedade e à degenerescência humana. Conforme Pessotti (1984), a **teoria da degenerescência** sustenta boa parte dos preconceitos, presentes até hoje, fundados no pressuposto da hereditariedade indiscriminada da deficiência mental. Os conhecimentos advindos das ciências naturais, especialmente no campo da biologia, associados à prática corrente da medicina, corroboraram, cada vez mais, as explicações de caráter fisiológico e anatômico da deficiência intelectual.

A compreensão sobre as patologias do desenvolvimento humano foi então se consolidando nos preceitos da ciência moderna e de seus métodos de observação, classificação e descrição, base do modelo de diagnóstico clínico, os quais levaram à crença na relação direta entre sintomatologia clínica e lesões anatômicas.

A deficiência intelectual adquiriu um novo sentido a partir da ciência moderna: o de "moléstia física", cuja semiologia nasce de um critério médico de classificação, pelo qual várias anomalias são agrupadas em um só quadro, diferenciadas apenas em níveis, de acordo com os sintomas comportamentais. Ela passou a representar um conjunto de sintomas presentes em grupos bastante heterogêneos de anomalias, provenientes de etiologias orgânicas diversas e sempre relacionadas a déficits irreversíveis da **atividade mental superior.**

Tal compreensão da deficiência – enquanto moléstia física – foi consolidada em Londres, no século XVII, conforme observa Pessotti (1984), com a publicação em 1664 do *Cerebri Anatome*, de Thomas Willis (1625-1675), que se propôs a entender a idiotia e outras deficiências como produto de estruturas ou eventos neurais, a partir de descrições anatômicas e conceitos fisiológicos, relacionando-os a lesões no sistema nervoso central.

Outros nomes importantes na história da teoria da deficiência intelectual, como Philippe Pinel (1745-1826), médico francês, pioneiro na definição da loucura como doença e na descrição da idiotia, e Jean-Étienne Esquirol (1772-1840), que distinguiu a idiotia da loucura, deixaram uma contribuição decisiva para que o conceito de idiotia passasse a ser buscado nos tratados de patologia cerebral e não mais no já citado *Directorium Inquisitorum*. As perturbações sensório-motoras dos idiotas foram associadas à fraqueza da inteligência e ao fracasso no desenvolvimento dos órgãos, configurando-se seu caráter orgânico, condição que impediria o desenvolvimento e a expressão da inteligência, caracterizando-se um estado de **irrecuperabilidade**.

Em síntese, segundo Ceccin (1997), a virada na informação sobre a deficiência intelectual ocorreu quando seus determinantes passaram a ser procurados na história das experiências das pessoas com deficiências. Nesse ponto, o conhecimento biológico marcou o fim do dogma na deficiência intelectual, a qual, no entanto, como vimos, foi capturada pela psiquiatrização e pelo sentido de irrecuperabilidade.

Os indivíduos com deficiência intelectual foram então classificados, de acordo com o grau de comprometimento de sua atividade mental superior, em cretinos, idiotas ou imbecis. Eram considerados irrecuperáveis, e sua deficiência, irreversível.

Seus destinos passaram a ser os asilos e os hospícios, consolidando-se o modelo asilar-segregador como prática social dominante. Caminhou-se, desse modo, da danação divina à condenação médica, sendo as diferentes patologias incorporadas por um quadro geral de **deficiência mental essencial**, todas consideradas gradações de um quadro de degenerescência familiar e de transmissão genética.

Portanto, a incorporação da natureza humana pela análise científica foi feita a partir dos progressos da biologia (século XIX), que carregou todo o reducionismo▾ e o determinismo biológico▾▾. Invocada a herança genética como expressão de inevitabilidade, não há o que discutir. Entre as consequências disso, podemos ressaltar a redução da análise dos fenômenos sociais a uma somatória de comportamentos individuais, estes tratados como coisas, reificados como propriedades localizadas no cérebro de indivíduos particulares e passíveis de mensuração a partir da utilização de uma determinada escala. Estabeleceram-se, assim, normas gerais para as propriedades, sendo qualquer desvio à norma interpretado como anomalia, que poderia refletir problemas médicos, dos quais o indivíduo deveria ser tratado. Tais características reificadas e identificadas em termos médicos seriam "causadas" por acontecimentos no cérebro dos indivíduos (Lewontin; Rose; Kamin, 1984, p. 25-27).

O determinismo biológico, ao definir as características do comportamento humano como naturais e biologicamente determinadas, portanto inevitáveis e imutáveis, imputa os problemas sociais à natureza,

▾

Reducionismo: conjunto de métodos gerais e modos de explicação que podem ser aplicados ao mundo dos objetos físicos, assim como às sociedades humanas. Segundo Lewontin, Rose e Kamin (1984), o reducionismo tenta explicar as propriedades de todos os complexos – moléculas ou sociedades – em termos das unidades que os compõem.

▾▾

Determinismo biológico: explica as ações humanas como consequência inevitável das propriedades bioquímicas das células que compõem o indivíduo, as quais são determinadas unicamente pelos constituintes dos genes de cada indivíduo (Lewontin; Rose; Kamin, 1984).

ocultando os conflitos geradores das desigualdades humanas. A causa de uma dificuldade ou de uma deficiência é interpretada, quase sem exceção, por sua natureza genética ou orgânica e relacionada ao desempenho individual. A incorporação do determinismo biológico pelas ciências humanas traduz-se (reflete e refrata) na análise da deficiência que ressalta o valor do mérito individual e difunde a responsabilidade familiar como causa de problemas e deficiências.

Se, por um lado, consolidou-se no campo do conhecimento científico uma compreensão racional e científica da deficiência – nos moldes da medicina e da biologia da época –, por outro lado, no campo político e econômico, ela sofreu também importantes efeitos.

Com o estabelecimento do capitalismo e a introdução da máquina no processo de produção, ocorreu a divisão do trabalho, que levou à criação de novas necessidades e condições de vida. A produção centralizada em empresas fez com que a mão-de-obra passasse a ser recrutada em função da eficiência do trabalhador. Os que se adaptassem ao processo de trabalho instituído se enquadrariam no protótipo do "homem normal".

Reafirmava-se, assim, o pensamento liberal▾, aliado ao pensamento positivista▾▾, doutrinas filosóficas

▾ Pensamento liberal: regime de organização econômica e social que elege como preocupação central a defesa da liberdade individual.

▾▾ Pensamento positivista: corrente sociológica, fundada por Auguste Comte (1798-1857), que afirma o predomínio do conhecimento científico e empírico sobre as especulações da metafísica e da teologia.

constituídas no desenvolvimento das sociedades capitalistas industriais. A ideologia liberal pressupunha indivíduos livres, que, voluntariamente, escolheriam seu caminho e o seguiriam para alcançar determinada posição social. Cada homem "normal" deveria desenvolver ao máximo suas capacidades para alcançar uma melhor posição na sociedade e, com o seu sucesso, contribuir para o desenvolvimento desta. Aquele que não o fizesse – por falta de capacidade, vontade ou "potencialidade individual" – estaria fora do mundo produtivo.

É também nesse contexto que a liberdade, fundamentada juridicamente, ganhou sentido com base na igualdade, assegurando a proteção de determinados interesses em nome dos interesses de todos os indivíduos. As desigualdades passaram a ser explicadas a partir de um novo modo de conhecer o ser humano, que lhe impôs prescrições e o idealizou, gerando o verdadeiro protótipo do "homem normal". Este produziu em seu reverso, e como efeito de sentido, o signo da anormalidade, extensivo a todos os tipos de diferenças – sociais, econômicas, intelectuais, entre outras.

[2.2.1] A DEFICIÊNCIA INTELECTUAL E OS DESAFIOS DA EDUCABILIDADE

O nascimento da modernidade, como afirmamos, apresentou o problema do conhecimento da normalidade e da doença como tarefa da ciência e deparou-se então com a seguinte contradição: para **conhecê-la**, deveria tomá-la como outro **objeto** qualquer, abstraindo-a de sua realidade, universalizando-a, unificando-a, em modelos que acabaram por traçar certa trajetória comum. Se conhecer é dominar a natureza e seus objetos, conhecer é também **controlar**. Assim, essa ciência que conhece acabou também por produzir e controlar o limiar entre normal e patológico, prescrevendo o desenvolvimento humano, normal e anormal.

Foi nesse contexto que surgiram iniciativas de caráter **médico-pedagógico**, paralelamente à influência do pensamento médico, que prevaleceu no início do século XX, embora seus pressupostos já tenham sido enunciados no final do século XVIII e início do século XIX. Tais iniciativas, consideradas pioneiras na história da educação especial, apoiaram-se na crença da **educabilidade** das pessoas com deficiência intelectual.

Portanto, se, por um lado, a fraqueza da inteligência, de acordo com a posição inatista, adquiriu um sentido de irrecuperabilidade, por outro, e sob a influência da concepção naturalista de John Locke (1632-1704), considerado predecessor do Iluminismo, a mente passou a ser entendida como uma página em branco e o homem a ser visto como totalmente influenciado pelo ambiente. A deficiência intelectual, por sua vez, passou a ser considerada um estágio de carência de ideias e operações intelectuais semelhantes ao vivido pelo recém-nascido. Originou-se, assim, a crença na educabilidade de pessoas com déficits na atividade mental superior entendidos como irreversíveis, o que iria frutificar mais tarde com as teorias ambientalistas, segundo as quais as forças do ambiente são decisivas para o desenvolvimento humano. Essas correntes seriam determinantes para o posterior desenvolvimento da educação especial, pois valorizam a experiência humana para o desenvolvimento da própria inteligência.

Nesse período, conviviam então, paradoxalmente, duas perspectivas. De um lado, um tipo de pensamento ressaltava a importância da classificação e do diagnóstico como principal elemento para tratamento, e o objetivo era organizar em diferentes categorias todos os possíveis distúrbios, configurando uma abordagem organicista. Essa vertente era regida por uma concepção determinista de desenvolvimento, sobre a qual se baseava qualquer tipo de aprendizagem. Previa estabilidade no conceito da deficiência, concebendo-a de forma orgânica e inata. Como consequência, depositava pouca credibilidade na mudança do quadro patológico, compreendido como fundamentalmente orgânico e inerente à pessoa. Os déficits da atividade mental superior eram considerados irreversíveis e imutáveis.

De outro lado, um tipo de pensamento – a abordagem médico-pedagógica –, sob a influência das teorias ambientalistas, contrapunha-se ao determinismo fatalista, defendendo a credibilidade na mudança do comportamento a partir da manipulação de variáveis externas. Inserida nos Programas de Reabilitação, possibilitou novas perspectivas de trabalho, abrindo-se o campo para diversas especialidades. As propostas de intervenção médico-pedagógicas decorrentes eram elaboradas com vistas às possibilidades de educabilidade e adaptação social, configurando uma vertente adaptacionista. Cabe observar que, em 1955, o Tratado de psiquiatria, de

Eugen Bleuler, já incorporava aspectos dinâmicos às chamadas doenças mentais, abrindo espaço para questões subjetivas, perspectivas de multicausalidade e aceitação da diversidade de expressões sintomatológicas. A deficiência passou a ser tratada como distúrbio congênito da personalidade, inscrito na categoria das oligofrenias, entendidas como "estados deficitários congênitos e precocemente adquiridos" (Pessotti, 1984, p. 171).

Entre as experiências pioneiras na abordagem médico-pedagógica, podemos citar a educação do jovem Victor de Aveyron, iniciada por Jean Gaspard Itard (1774-1838), médico, reeducador de surdos-mudos e pioneiro da educação especial de deficientes intelectuais. Itard ficou conhecido na história por ter recebido a guarda de um menino capturado na floresta aos 12 anos de idade, chamado de O selvagem de Aveyron, diagnosticado por Pinel como incapaz de aprendizagem e desprovido de recursos intelectuais por **deficiência mental essencial**. Seu destino seria o mesmo das demais crianças com deficiência intelectual, o abandono em hospícios, sem oportunidades de educação, não fosse o descrédito que Itard deu a esse diagnóstico e a esse prognóstico.

Com base nas ideias de Rousseau e Locke, e partindo do pressuposto de que o homem não nasce pronto, mas é construído, Itard assumiu a educação sistemática e individualizada de Victor de Aveyron, contrapondo-se ao modelo asilar-segregador. O tratamento dado por Itard a esse caso é considerado um dos marcos a inaugurar a educação especial na área da deficiência intelectual, a partir do qual se seguiram outras iniciativas pioneiras, como a de

Edouard Seguin (1812-1880), psiquiatra americano nascido na França, responsável por organizar escolas para deficientes intelectuais nos Estados Unidos. Ao contrário de Esquirol, Seguin elaborou e propôs um método de educação de crianças "idiotas", pois as considerava "**capazes** de perceber as sensações internas e externas, comparar, julgar, desejar, ter atenção e vontade" (Pessotti, 1984).

Outra iniciativa foi a de Maria Montessori (1870-1952). Doutora em medicina, especializada em neurologia, passou a cuidar de crianças com diagnóstico de "idiotia", aprofundando os estudos da pedagogia. Fundamentou-se no trabalho de Itard e Seguin para comprovar sua hipótese de que o tratamento dessas crianças era muito mais pedagógico do que médico. Sua metodologia baseava-se na defesa do potencial criativo da criança.

No início do século XX, compartilhando a crença na educabilidade, a psicologia ganhou destaque nesse cenário com Alfred Binet (1857-1911), que possibilitou a construção de um conceito psicológico da deficiência mental. Foi nesse contexto que surgiram as primeiras tentativas de compreender a deficiência mental sob a luz da psicometria▾, bem como a classificação do Q.I. em níveis correspondentes de educabilidade: leve (educável), moderada (treinável), severa e profunda, com ênfase na mensuração da inteligência humana, dando grande expressão ao diagnóstico psicológico

▾ A psicometria é uma área de interface da psicologia com as ciências exatas, em especial com a estatística, a qual busca um conhecimento mais apurado do comportamento humano, utilizando-se, para isso, de técnicas de mensuração comprovadas experimentalmente.

e rompendo com a determinação causal entre lesão orgânica e deficiência mental. Alfred Binet e Theodore Simon (1873-1961) desenvolveram as primeiras escalas para medir inteligência, originando-se a associação entre idade mental e idade cronológica, a qual resultou no conceito de Q.I.

O conceito psicológico da deficiência mental que surgia nessa época partia de um pressuposto universal e genérico sobre a inteligência humana que permitia quantificá-la, tendo como resultado o Q.I., considerado útil para classificação e diagnóstico, mas também para prognóstico em termos de educabilidade. Com Binet, a teoria da deficiência mental passou da medicina para a psicologia, o que significou, na história das nossas práticas, a passagem dos asilos e hospícios à escola, especial ou comum.

A psicologia cumpriu, assim, o importante papel entre as ciências da época de responsabilizar-se pela tarefa de redefinir espaços para os deficientes. Sob efeito do discurso de igualdade de oportunidades, essa ciência veio explicar diferenças individuais e possibilitar a definição do lugar social dos indivíduos.

Nesse contexto, os progressos impostos por diferentes ciências – em especial a psicologia – permitiram substituir rótulos qualitativos – *idiota, imbecil, débil* – por critérios quantitativos de educabilidade e adaptabilidade (Q.I. 0 a 20 – deficiência mental severa ou profunda; Q.I. 20 a 50 – deficiência moderada ou treinável; Q.I. 50 a 75 – deficiência mental leve ou educável).▾ Tais critérios foram,

▾ Estes critérios quantitativos passaram por modificações quanto à área de corte do Q.I.

por sua vez, substituídos mais tarde por critérios de avaliação psicopedagógicos, baseados no desempenho do sujeito observado em diversas situações. A psicanálise também trouxe suas contribuições ao possibilitar qualificar a deficiência no campo das diversidades humanas, influindo nas relações familiares e sociais.

Entretanto, a prática instituída de avaliação psicológica a partir do modelo psicométrico incorporou-se de forma irreversível tanto no conceito quanto no diagnóstico da deficiência intelectual.

A avaliação psicológica tornou-se uma das missões salvíficas desse campo, que atualmente se sofisticou com requintes de interdisciplinaridade, sem perder de vista os referenciais quantitativos e classificatórios "baseados em concepções pouco inteligentes de inteligência e de uma concepção de saúde mental como submissão às exigências da realidade" (Patto, 1997, p. 465).

A abordagem médico-pedagógica teve uma importância fundamental na história da educação das pessoas com deficiência intelectual, pelas iniciativas pedagógicas que proporcionou. No entanto, a força dessas propostas pedagógicas que se enunciaram não foi suficiente para conter, no ardil do conhecimento, o furor da sociedade disciplinar. Especialmente na década de 1930, conforme nos relata Ceccin (1997, p. 39), houve o retrocesso das teorias de caráter médico-pedagógico, que passaram a desdobrar-se em ações políticas, demográficas e de planejamento público destinadas não à qualidade de vida das pessoas com deficiência intelectual, mas aos problemas que elas representavam à ordem e à saúde pública. A legislação de alguns países era permissiva à esterilização dos indivíduos classificados em idiotas e imbecis, em nome da defesa eugênica da raça. A pessoa com deficiência representava o "outro" que ameaçava a ordem social estabelecida.

A sanha eugenista dominou as primeiras décadas do século XX, deixando suas marcas de segregação e reclusão. Mesmo que algumas crianças com diagnóstico de deficiência mental fossem educáveis, convinha vigiá-las continuamente e educá-las separadamente. Etanto a medicina quanto a psicologia e a pedagogia embaraçavam-se em suas propostas de cura. Os rótulos quantitativos ou os qualitativos serviam para decretar o futuro e as oportunidades das pessoas com deficiência.

Como podemos constatar, da medicina passamos à psicologia e à pedagogia, e consequentemente à pessoa do educando, seus níveis de aspiração, sua autoestima; da vertente médica organicista do conceito de deficiência mental passamos a uma vertente médico-pedagógica com ênfase em práticas psicopedagógicas. Ambas deixaram seus rastros em toda a teoria e a prática dessa área no século XX, consolidando-se a possibilidade da representação da pessoa com deficiência como o "outro" ameaçador da razão.

O que não podemos deixar de evidenciar, de acordo com a perspectiva que adotamos nesta obra, é que essa prática de classificação diagnóstica não deixa de reafirmar o conceito de deficiência intelectual como algo inerente à pessoa, isto é, remete-a a uma condição individual, fundamentada em perspectivas orgânicas e psicológicas.

Acrescentemos que o diagnóstico tornou-se um dos instrumentos clínicos e legais de maior poder, o que se verifica até os dias atuais, estando inscrito de forma decisiva em nossas práticas educacionais. Em síntese, apesar das inúmeras críticas traçadas ao modelo clínico de diagnóstico e às práticas psicométricas que o sustentam, ele ultrapassa o domínio técnico e científico para transformar-se em um instrumento político de grande poder, a delimitar identidades e definir o destino das pessoas.

Apesar de o modelo clínico, baseado nos princípios de diagnóstico e tratamento das doenças, práticas observadas na medicina clássica, ser dominante e ter sido incorporado ao atendimento educacional, o uso do diagnóstico é questionado pelo fato de não oferecer respostas que possibilitem a construção de propostas educacionais.

Fierro (1995) aponta a força desse modelo clássico de análise da deficiência intelectual no que se refere às propostas pedagógicas e psicológicas formuladas ao longo da história dessa área, ressalta as críticas que ele sofreu e apresenta outros enfoques e modelos que surgem em resposta a essas críticas: o evolutivo, o comportamental e o cognitivo. Estes avançam na segunda metade do século XX, todos com ênfase na força do ambiente e da estimulação como forma de recuperação dos déficits e com vistas à adaptação social.

O primeiro – **modelo evolutivo** – substitui a ênfase dada à deficiência pela ênfase no atraso do desenvolvimento, gerando metodologias curriculares nos programas especializados baseadas em escalas de desenvolvimento. É considerado um avanço para o trabalho psicopedagógico, uma vez que, ao comparar o desenvolvimento de crianças com e sem deficiência intelectual, permite a fixação de metas para o trabalho pedagógico e dá uma visão prospectiva do desenvolvimento. Por outro lado, esse enfoque cria a ilusão de que a deficiência intelectual é só uma questão de atraso em relação ao desenvolvimento normal. Uma das consequências pedagógicas desse modelo é a fixação em determinadas atividades consideradas pré-requisitos para o desenvolvimento de habilidades mais abstratas ou complexas. Assim, muitos chegam à adolescência envolvidos em projetos de pré-requisitos para a alfabetização, inseridos em programas especializados (Fierro, 1995).

O **modelo comportamental** surge dessa crítica aos modelos anteriores e procura, com a análise funcional, examinar todos os tipos de estímulos dos quais a conduta atrasada constitui função. Já o **modelo cognitivo** procura analisar e explicar o atraso mental como um conjunto de disfunções em processos cognitivos, no processamento humano da informação. O indivíduo tem um papel ativo e determinante da conduta (Fierro, 1995).

Assim, como podemos perceber, as novas perspectivas que fundamentam as bases pedagógicas na área fortalecem os pressupostos nela contidos, os quais dão sustentação a uma educação em separado.

A DEFINIÇÃO CIENTÍFICA DA DEFICIÊNCIA INTELECTUAL E O CONCEITO DE INTELIGÊNCIA

SUBMETEMOS O CONCEITO da deficiência intelectual a um estudo histórico, a fim de entendermos melhor suas fontes de apropriação – aspecto em que as ciências da modernidade ganharam destaque – e as práticas que delinearam seus sentidos – práticas de educação e saúde, inicialmente em programas separados, passando para uma educação integrada, até chegarmos à inclusão. Do enfoque médico clássico passamos ao enfoque psicopedagógico tradicional, instituído a partir da mensuração do Q.I. e das aptidões, incorporando o nível de maturidade psicomotora, o estágio do desenvolvimento cognitivo, o repertório comportamental, o nível do pensamento conceitual, dependendo da teoria psicológica utilizada como referencial. Todos esses enfoques acabaram por consolidar o sentido do conceito com ênfase na deficiência "do" e "no" indivíduo.

Constatamos uma transformação das práticas e, com ela, outros modos de conceituar o objeto, ou seja, a deficiência passou a ser pensada em relação ao contexto e às oportunidades oferecidas. Da mesma forma, a concepção da inteligência, inicialmente pensada como "dotação inata", foi abalada a partir das abordagens que dão ênfase aos fatores ambientais, sociais e culturais, os quais possibilitam pensá-la a partir das práticas sociais. Voltaremos a esse tema ainda neste capítulo, mas, antes disso, queremos colocar em discussão o diagnóstico da deficiência intelectual. Embora possa parecer fora de propósito discutir esse tema, em especial após uma longa trajetória de críticas a essa prática, em especial por seus efeitos na constituição das **identidades individuais e coletivas**, consideramos de extrema relevância abordá-lo por sua vinculação ao problema da **identificação** da deficiência.

O diagnóstico clínico é, mesmo diante de todas as críticas a ele dirigidas, o principal instrumento utilizado nas decisões políticas e subjetivas que possamos ter. Podemos problematizar seus efeitos nas práticas educacionais, em especial no que se refere às identidades dos alunos, intervindo sobre processos de disseminação de preconceitos e discriminação, mas não podemos negar seu papel crucial na garantia de direitos.

As finalidades do registro diagnóstico são diversas, como, entre outras: elegibilidade; concessão de benefícios e assistência previdenciária; concessão de proteção legal; acesso a cotas para o ensino superior e a vagas de emprego. A sua realização requer o uso de instrumentos e recursos que garantam resultados confiáveis.

Os manuais de psiquiatria e os sistemas internacionais de classificação estão entre os referenciais que mais orientam esse procedimento. Entrevistas de anamnese e testes psicológicos (particularmente de mensuração da inteligência) são as técnicas mais utilizadas, associando-se ao procedimento de análise clínica.

No campo da educação, ao longo da história, o diagnóstico assumiu essa finalidade de elegibilidade ao ensino regular, determinando os diferentes graus de integração do aluno em função de sua deficiência – se o aluno deveria frequentar sala regular, sala especial ou escola especial, por exemplo, em função de sua deficiência. Com o discurso da inclusão, assistimos à desconstrução desse procedimento de elegibilidade ao ensino regular por meio do diagnóstico, uma vez que todo aluno tem direito a matricular-se no ensino regular, o que parece tornar dispensável o uso desse critério na decisão sobre quem pode frequentar as salas do ensino regular.

No entanto, isso não quer dizer que o diagnóstico não deva existir. Aliás, a inclusão é uma oportunidade de reinventarmos diversificados procedimentos de diagnóstico – além do diagnóstico clínico – que respondam às necessidades pedagógicas dos alunos no contexto educacional. Os casos apresentados no final do livro, em especial o da menina Juli, representam uma tentativa de responder a esse desafio. Ainda assim, se, nos níveis iniciais de ensino, o diagnóstico não possui a finalidade de elegibilidade – o que não significa que ele seja dispensável –, no ensino superior, ele pode ser imprescindível em diferentes situações, como, por exemplo, no caso de existir reserva de vagas para pessoas com deficiência (sistema de cotas). Ele também pode ser indispensável no mundo do trabalho – uma vez que já é assegurada por lei a contratação, por parte das empresas, de uma quantidade determinada de pessoas com deficiência – ou para a garantia de concessão de outros direitos assegurados a essas pessoas.

Desse modo, consideramos importante apresentar os critérios que orientam as práticas de diagnóstico da deficiência intelectual, bem como avaliar seus efeitos para outros campos, indicando a necessidade de serem empregadas outras formas de avaliação do desenvolvimento da inteligência em contextos e finalidades específicas – trabalho, educação etc.

Como veremos a seguir, os sistemas de classificação para avaliação diagnóstica que visam à identificação da deficiência sofreram mudanças importantes, a fim de acompanhar as transformações sociais e políticas nessa área. Seu papel classificatório dos níveis de inteligência foi ampliado, adotando-se critérios ligados aos apoios que se fazem necessários em cada caso, com vistas a garantir ao máximo a oferta de oportunidades a todas as pessoas, sem limitá-las a níveis e prognósticos de educabilidade.

[1] A CLASSIFICAÇÃO DA AAIDD

A American Association on Intellectual and Developmental Disabilities (AAIDD) é uma entidade destinada à investigação dos conceitos e das práticas relacionadas ao que ela denomina até o ano de 2007 de *retardo mental*▼. Fundada há mais de 130 anos, é uma das instâncias de maior representatividade no assunto. Seus esforços são reconhecidos no sentido de investigar e propor modelos de avaliação que se ajustem às características dos diferentes contextos, articulando os conceitos de habilidades adaptativas e inteligência, de modo a favorecer uma definição da deficiência em termos de desempenho e funcionamento da inteligência.

O sistema atual, o de 2002, consolida a definição de *retardo mental* com ênfase em uma perspectiva funcional e dinâmica, que permite entender essa categoria de deficiência mais pelo aspecto do desempenho do que pelos traços clínicos. Para a caracterização do retardo mental, são propostas cinco dimensões: habilidades intelectuais, comportamento adaptativo, interações e papéis sociais, saúde e contexto, o que pode ser interpretado como uma transformação no entendimento do conceito (Luckasson et al., 2002).

Nessa definição são considerados os seguintes aspectos: a) as limitações são compreensíveis na comunidade e no meio cultural em que o indivíduo está inserido e em relação à sua faixa etária e cultura; b) é enfatizada a importância do funcionamento individual e da limitação intelectual, embora esta coexista com capacidades;

▼

Embora a AAIDD, em 2007, tenha deixado de empregar o termo *retardo mental* e passado a usar a designação *deficiência intelectual*, convém lembrar que, em 2002, o termo ainda era utilizado. Assim, no decorrer deste livro, por vezes, de acordo com o estudo realizado, manteremos o termo *retardo mental*.

c) a avaliação deve levar em conta as diferenças quanto à comunicação e a aspectos sensoriais, motores e comportamentais. Contudo, a ênfase recai no apoio necessário ao desenvolvimento de planos de atenção com qualidade e na adequação aos diferentes momentos do ciclo de vida a fim de assegurar a qualidade de vida (Luckasson et al., 2002).

Cabe ressaltar que a nova definição não estabelece graus de retardo mental (leve, moderado, severo e profundo) e propõe que a intensidade dos apoios a serem oferecidos esteja relacionada ao ciclo de vida da pessoa.

Apresentamos, a seguir, as cinco dimensões previstas na definição de 2002 da AAIDD (AAMR, 2002), na qual, segundo Luckasson et al. (2002), essa concepção multifuncional e multidimensional pode ser considerada um avanço em relação ao proposto pelo sistema de 1992.

- **Dimensão I: habilidades intelectuais** – A dimensão intelectual passa a constituir apenas um dos indicadores de déficit intelectual, considerado em relação às outras dimensões. Não é suficiente para o diagnóstico da deficiência. Os critérios objetivos, próprios das medidas psicométricas e das escalas de mensuração, são recomendados com indicação dos seguintes instrumentos: Wechsler Intelligence Scale for Children (WISC-III), Wechsler Adult Intelligence Scale (WAIS-III), Stanford-Binet-IV e Kaufman Assessment Battery for Children.
- **Dimensão II: comportamento adaptativo** – O comportamento adaptativo relaciona-se a aspectos acadêmicos, conceituais e de comunicação,

necessários à competência social e ao exercício da autonomia, e pode ser entendido como um "conjunto de habilidades conceituais, sociais e práticas adquiridas pela pessoa para corresponder às demandas da vida cotidiana" (Luckasson et al., 2002). Limitações nessas habilidades podem prejudicar a pessoa nas relações com o ambiente e dificultar o convívio no dia a dia. Indica-se a avaliação objetiva do comportamento adaptativo por meio da utilização de instrumentos objetivos de mensuração. Esses instrumentos não estão disponíveis com padronização brasileira. Segundo Carvalho e Maciel (2003), cabe um questionamento sobre o uso de instrumentos objetivos na avaliação das habilidades adaptativas, tendo em vista os componentes subjetivos, interativos e contextuais que constituem o comportamento adaptativo. Essa é uma questão aberta, a ser discutida.

- **Dimensão III: participação, interações e papéis sociais** – Essa dimensão ressalta a importância da participação na vida comunitária. Refere-se às interações sociais e aos papéis vivenciados pela pessoa, bem como à sua participação na comunidade.
- **Dimensão IV: saúde** – A avaliação diagnóstica de retardo mental deve contemplar elementos mais amplos, de modo a incluir fatores etiológicos e de saúde física e mental. A definição e o acompanhamento dos quadros patológicos e das síndromes são fundamentais na definição do diagnóstico e dos apoios necessários, realizados por profissionais especializados na área da saúde.

- **Dimensão V: contextos** – A avaliação do contexto refere-se a uma perspectiva ecológica do desenvolvimento – que remete à abordagem ecológica do desenvolvimento, de Bronfenbrenner (1996) –, a qual privilegia os aspectos saudáveis do desenvolvimento, que devem ser estudados em ambientes naturais. A análise deve estender-se ao maior número possível de ambientes dos quais o indivíduo participa e às relações que ele mantém. As condições em que a pessoa vive, as quais estão relacionadas com qualidade de vida, devem compor esta dimensão do diagnóstico. São as práticas e os valores culturais que devem ser considerados, bem como as oportunidades educacionais, de trabalho e lazer, as condições contextuais de desenvolvimento da pessoa, além das condições ambientais relacionadas ao seu bem-estar, à saúde, à segurança pessoal, ao conforto material, ao estímulo ao desenvolvimento e às condições de estabilidade no momento presente. Por meio dessa dimensão são avaliados os níveis de atuação da pessoa no contexto e são traçados os apoios a serem implementados, os quais devem facilitar sua integração na família, no trabalho, no grupo de amigos, na vizinhança e nos padrões culturais, econômicos e sociopolíticos.

É importante observar que os sistemas de apoio, os quais vêm sendo enfatizados desde o sistema de 1992 da AAIDD, consolidam a concepção funcional identificada no sistema de 2002. Pressupõe-se que os apoios são mediadores entre o funcionamento do sujeito e as cinco dimensões focalizadas no modelo teórico. Espera-se que sua utilização adequada desempenhe um papel essencial na forma como a pessoa com deficiência intelectual responde às demandas ambientais, favorecendo seu desenvolvimento e sua aprendizagem ao longo da vida (AAMR, 2002).

Os apoios podem ser classificados segundo sua intensidade em: a) **intermitentes**, caracterizados como episódicos; b) **limitados**, caracterizados por sua temporalidade limitada e persistente; c) **extensivos**, caracterizados por sua regularidade e periodicidade; d) **pervasivos**, caracterizados como constantes, estáveis e de alta intensidade (AAMR, 2002).

De acordo com a AAIDD (AAMR, 2002, p. 146), a ênfase no sistema de apoio coaduna-se com o conceito de zona de desenvolvimento proximal, de Vigotski (1988), considerada como "a distância entre a independência da pessoa e os níveis assistidos de solução de problemas". Com esse conceito, supõe-se a mudança de uma perspectiva puramente quantitativa da inteligência para uma concepção sócio-histórico-cultural, dando-lhe amplitude para direcionamentos epistemológicos e empíricos que podem inaugurar novas práticas sociais.

Assim, podemos perceber que o atual modelo proposto pela AAIDD, o sistema de 2002, consiste numa concepção multidimensional, funcional e bioecológica de deficiência intelectual, que se propõe agregar inovações e reflexões teóricas e empíricas que nos possibilitam caracterizar a deficiência intelectual por "limitações significativas no funcionamento intelectual e no comportamento adaptativo, como expresso nas habilidades práticas, sociais e conceituais, originando-se antes dos dezoito anos de idade" (Luckasson et al., 2002, p. 8). Podemos concluir a partir dessa definição que a deficiência intelectual não representa um atributo da pessoa, mas um estado particular de funcionamento.

[2] AS CLASSIFICAÇÕES DA DSM, DA CID E DA CIF

Existem outros sistemas mundiais de classificação dos transtornos mentais utilizados no diagnóstico da deficiência intelectual. Um deles é o *Diagnostic and Statistical Manual of Mental Disorders – Fourth Edition* – DSM-IV (*Manual Diagnóstico e Estatístico de Transtornos Mentais* – Quarta Edição Revisada), da Associação Norte-Americana de Psiquiatria. Outro sistema é o da Organização Mundial de Saúde – OMS, a Classificação Internacional de Doenças – CID-10, atualmente em sua décima revisão.

O DSM-IV adota a classificação do retardo mental nas seguintes categorias (Psiqweb, 2008):

- retardo mental leve (nível de Q.I. 50-55 até aproximadamente 70);
- retardo mental moderado (nível de Q.I. 35-40 até 50-55);
- retardo mental severo (nível de Q.I. de 20-25 até 35-40);
- retardo mental profundo (nível de Q.I. abaixo de 20 ou 25).

Acrescenta a categoria *retardo mental de gravidade inespecificada*, aplicando-a quando as condições deficitárias da pessoa não permitem mensuração da inteligência.

A CID-10 também admite a mensuração de Q.I. como definidora da deficiência e, com base nesse índice, aplica seu sistema de classificação (Psiqweb, 2008):

- retardo mental leve;
- retardo mental moderado;
- retardo mental grave;
- retardo mental profundo;
- outro retardo mental;
- retardo mental não especificado.

Existe ainda um outro sistema proposto pela OMS, a Classificação Internacional de Funcionalidade, Incapacidade e Saúde – CIF. Publicada em 2001, a CIF constitui-se em um instrumento de classificação organizado em duas partes, que envolvem funções e estruturas do corpo, inclusive as funções mentais e as atividades de participação. Além de fatores pessoais, a CIF abrange domínios contextuais do convívio humano. Esse sistema de classificação merece a atenção dos profissionais por oferecer um referencial teórico importante para o entendimento da deficiência intelectual.

Segundo Farias e Buchalla (2005), esse sistema substitui o enfoque negativo da deficiência e da incapacidade por uma perspectiva positiva, considerando as atividades que um indivíduo que apresenta alterações de função e/ou da estrutura do corpo pode desempenhar, assim como sua participação social. A funcionalidade e a incapacidade dos indivíduos são determinadas pelo contexto ambiental em que as pessoas vivem. A CIF, segundo a análise desses autores, representa uma mudança de paradigma para se pensar e trabalhar a deficiência e a incapacidade, constituindo um instrumento importante para avaliação das condições de vida e para a promoção de políticas de inclusão social.

O sistema de 2002 da AAIDD e a CIF, segundo análise de Carvalho e Maciel (2003), que defendem a associação entre os dois sistemas, têm em comum a perspectiva funcionalista, ecológica e multidimensional. Esse paralelo pode ter sido possível pela contemporaneidade de suas publicações.

A denominação *retardo mental* constitui-se, assim, em uma das mais antigas utilizadas para identificar todas as pessoas que apresentam dificuldade para adaptação ao meio, por alterações no funcionamento neurológico. Abarca uma série ampla de sintomas e manifestações comportamentais, adaptativas e de desempenho, que tornam complexo o processo de identificação e de intervenção. O notável esforço de diferentes áreas do conhecimento durante anos em identificar componentes básicos que permitam a caracterização do quadro clínico, de padrões de evolução e atenção oportunas tem, contudo, produzido resultados só parcialmente admissíveis. Aqui estão envolvidas inúmeras variáveis, concepções, atitudes e práticas, além de aspectos éticos que implicam decisões as quais transcendem os processos de intervenção, relacionando-se diretamente à qualidade de vida das pessoas.

É notável, contudo, a evolução do conceito de deficiência intelectual, constatada especialmente pela consideração dos modelos da AAIDD e da CIF, o que permite conceber a pessoa com esse diagnóstico como alguém que apresenta uma forma particular e dinâmica de pensamento e com possibilidades sempre abertas para seu desenvolvimento. Dentro de sua condição específica, dada pelo seu diagnóstico, merece ser levada ao mais alto nível de progresso possível no contexto de suas interações.

[3] INTELIGÊNCIA E PRÁTICAS SOCIAIS

Na modernidade, como vimos no primeiro capítulo, o conceito de deficiência intelectual consolida-se em uma definição que correlaciona inteligência com Q.I. As críticas já tecidas ao conceito psicométrico de Q.I. apontam a necessidade de a inteligência também ser ressignificada. Isso porque ela não se restringe a um fator geral (o fator *g*) e está longe de ser um conceito unitário, como afirma Gardner (1994) ao propor a teoria das múltiplas inteligências e romper com esse princípio. Esses estudos sobre a inteligência humana indicam ser necessário que as práticas pedagógicas passem a contemplar uma nova perspectiva acerca do conceito de inteligência, de modo a superarem o conceito unitário e determinista do Q.I.

Diferentes fundamentações teóricas vêm deslocando a análise da deficiência mental para o campo das disfunções nos processos cognitivos ou na atividade mental superior, nutrindo-se de teorias como a do processamento da informação, a epistemologia genética, os modelos cognitivo-comportamentais, a teoria da modificabilidade cognitiva, a psicologia histórico-cultural, entre outras.

Entre essas teorias, destacam-se a epistemologia genética, de Piaget (1990), que deixou pistas significativas para pensarmos a inteligência humana sob uma nova perspectiva, opondo o seu produto ao seu processo. O método utilizado por Piaget no estudo do desenvolvimento da lógica do pensamento diferenciava-se radicalmente daqueles decorrentes dos estudos de Binet. A teoria piagetiana aponta para a troca do organismo com o meio mediante a ação, física e mental. A inteligência é então definida como processo dinâmico de ação executada entre o objeto e o sujeito. Dessa forma, as estruturas da inteligência não seriam inatas, mas construídas.

É, contudo, com o conceito de **mediação** que a inteligência deixa de ser concebida como algo interno e individual. Conforme demonstrado por Vigotski (1988, 1989, 1996), a consciência é social e historicamente determinada, sendo suas funções constitutivas dos modos de pensamento e da inteligência (memória, atenção, solução de problemas, simbolização etc). A educação deve ocupar-se do que pode ser mediado à criança, de modo que a zona de desenvolvimento proximal torne-se, amanhã, zona real de ação cognitiva. Logo, o ato educativo, como ato político, deve ser prospectivo e não retrospectivo. Não pode ser baseado na falta, no déficit, no atraso, mas nas diferentes possibilidades que a criança tem de apropriar-se do conhecimento por meio da mediação dos instrumentos semióticos da cultura.

Sob essa perspectiva, a inteligência é passível de intervenção, de transformação, pois a consciência humana constitui-se dialeticamente na atividade social, é ação, pressupõe mudança contínua da atividade cognitiva.

Nesse sentido, a avaliação das condições individuais de desenvolvimento intelectual e de aprendizagem passa pelo crivo da análise sócio-político-cultural em que os indivíduos estão inseridos. Nessa análise, entram em jogo o valor e a natureza atribuídos às diferenças humanas. Quando as capacidades cognitivas são entendidas como naturalmente herdadas, são tomadas como responsáveis pela trajetória escolar dos indivíduos e das diferenças humanas. Esta é uma boa forma de mascarar os aspectos macroestruturais da realidade que costumam estar ocultos nas avaliações que sempre se reportam aos indivíduos, à sua deficiência, ou ao seu baixo nível intelectual. Em decorrência disso, justifica-se seu destino escolar e profissional.

Assim, as formas de abordar o diagnóstico da inteligência e, consequentemente, das deficiências intelectuais têm passado por grandes transformações. Os modelos clássicos de diagnóstico da psicologia, que tiveram grande influência dos modelos médicos, procederam à crítica às concepções de inteligência e de aprendizagem que reafirmam práticas deterministas, as quais acabam por marcar o lugar social dos sujeitos. Classificar a doença, identificar o Q.I. é, em última instância, contribuir com a construção de sentidos que patologizam o aluno, que contribuem com a criação de rótulos e estigmas, que acabam por compactuar com a segregação e a exclusão.

A partir dessa crítica, diferentes abordagens sobre o desenvolvimento infantil e a aprendizagem foram trazidas pela epistemologia genética, revitalizando as práticas de ensino-aprendizagem na escola, e estenderam-se à educação especial. Essas novas perspectivas constituíram um marco teórico na produção científica e impuseram uma total mudança na compreensão dos processos de aprendizagem, bem como no seu diagnóstico. Elas permitiram construir programas curriculares que aproximam a educação especial da educação regular, possibilitando aos programas especializados a discussão voltada aos projetos pedagógicos e não apenas aos programas de reabilitação. O que antes era analisado como uma "patologia" passou a ser entendido como processo de aquisição de conhecimento, que implica construção por parte do sujeito que aprende.

Além disso, as contribuições da psicologia histórico-cultural possibilitaram compor dialeticamente as dimensões longitudinal e social, histórica e cultural, simbólica e concreta, aproximando desenvolvimento e aprendizagem e revitalizando o campo de estudo sobre o fracasso escolar. Com isso, constatou-se a passagem de um modelo clínico, de cunho médico, para uma **dimensão educacional-inclusiva**, em que se vislumbra uma ação educativa e pedagógica em relação às deficiências intelectuais.

Entretanto, o procedimento metodológico dominante na educação de pessoas com deficiência intelectual até a década de 1990 é ainda o diagnóstico e a classificação em educação especial, transcendendo os limites da escola para configurar-se em um ato político e social.

A classificação implica medição, portanto reporta a uma escala de valores, fazendo referência à conduta adaptativa, à sociabilidade, delimitando especialmente atitudes e práticas pedagógicas.

Ocorre que, sob uma perspectiva social da inteligência e das deficiências intelectuais, esse modelo clínico de diagnóstico, associado ao encaminhamento aos serviços especiais, passa a ser questionado por estar fundamentado na simples identificação das deficiências, o que traz como consequências a rotulação e a segregação dos sujeitos, embora, ao mesmo tempo em que segrega, se responsabilize por integrar.

Com as contribuições da psicologia social, da sociologia e da antropologia, a deficiência intelectual passa a ser analisada a partir das condições sociais que podem influir na sua constituição, reafirmando a falta de evidências das condições limitadoras da maior parte da população considerada deficiente e evidenciando os processos de estigmatização decorrentes.

Uma outra forma de diagnóstico justificável então é aquela que se dirige ao ensino, por meio do qual os dados educacionalmente significativos são levantados, a fim de que contribuam para o planejamento e a implementação de programas educativos eficazes.

eficiência intelectual no
Brasil: da invisibilidade à
olíticas públicas de inclus

DEFICIÊNCIA INTELECTUAL NO BRASIL: DA INVISIBILIDADE ÀS POLÍTICAS PÚBLICAS DE INCLUSÃO

NO BRASIL, O ATENDIMENTO às pessoas com deficiência sofreu as influências americanas e europeias no que se refere à sua vinculação inicial ao campo médico, trazendo como traço comum no começo do século XX a ocorrência de iniciativas privadas isoladas e a prevalência do sentido clínico a nortear as decisões e as ações no atendimento educacional (Mazzotta, 1996).

Jannuzzi (2004), em sua obra *A educação do deficiente no Brasil*, apresenta as especificidades da educação especial nas vicissitudes da organização social brasileira como um todo, nas suas bases material e cultural. A autora situa o surgimento, de forma tímida, da educação institucionalizada das pessoas com deficiências. As primeiras iniciativas de atenção às pessoas com deficiências em nosso país são identificadas no ensino de surdos-mudos no Rio de

Janeiro, culminando em 1857 com a criação do Instituto dos Surdos-Mudos, mais tarde Instituto Nacional de Educação de Surdos (Ines), e em 1854 com a fundação do Imperial Instituto dos Meninos Cegos, mais tarde Instituto Benjamin Constant (Mazzotta, 1996; Jannuzzi, 2004).

A sociedade pouco urbanizada e primitivamente aparelhada, com uma população em sua maior parte iletrada, identificava poucos indivíduos como deficientes. Provavelmente, só os mais lesados fossem recolhidos em instituições asilares, por despertarem mais atenção (Jannuzzi, 2004, p. 16). A escola não servia, assim, como "patenteação" da deficiência.

No entanto, existem, desde 1890, indícios de uma educação voltada aos deficientes intelectuais no Brasil, a qual assumiu uma configuração própria da organização social da época. Com efeito, a escassez de serviços na área e o descaso do poder público deram origem a movimentos comunitários que culminaram com a implantação de redes de escolas especiais privadas filantrópicas para aqueles que sempre estiveram excluídos das escolas comuns (Jannuzzi, 2004).

A concepção da modernidade, segundo a análise de Kassar (1999, p. 42), deixou suas contribuições nos rumos da educação nacional, trazendo implicações na forma de entender e promover a educação especial em nosso país. A influência da visão liberal sobre a organização da sociedade brasileira pode ser identificada na estrutura dos serviços da educação especial e nas decisões sobre as políticas de atendimento. Desse modo, grande parte dos atendimentos especializados fica a cargo da administração privada, particularmente quando se trata da população mais comprometida economicamente. O setor público tem se ocupado com serviços ligados à rede regular de ensino, como as classes especiais e as salas de recurso.

Assim, no Brasil, o surgimento da educação de pessoas com deficiência pode ser identificado ao trabalho promovido por algumas pessoas sensibilizadas com o problema e a um tímido apoio governamental. A França, ponto de contato da elite intelectual do país, exerceu sua influência com pesquisadores como Itard e Seguin, mencionados no primeiro capítulo, e especialmente com trabalhos que repercutiam em nosso país na área da deficiência intelectual, como o do neurologista Desiré-Magloire Bourneville (1840-1909), pesquisador de crianças com doenças mentais e nervosas.

Na próxima seção, iremos examinar como se configurou a educação especial no Brasil a partir das influências americanas e europeias.

[1] VERTENTES PEDAGÓGICAS NA EDUCAÇÃO ESPECIAL

As pesquisas de Jannuzzi (2004) confirmam a vinculação, no Brasil, da educação do deficiente mental (denominação por ela empregada em sua obra) ao campo médico, sendo que as instituições especializadas nessa área começaram a surgir na década de 1920. Segundo a classificação da autora, as vertentes pedagógicas na educação especial tiveram, em seu desdobramento, uma vertente conduzida pela abordagem médico-pedagógica e outra pela linha psicopedagógica.

Como os fundamentos dessas duas vertentes já foram tratados no primeiro capítulo, aqui nossa preocupação irá se concentrar precisamente nas ressonâncias dessas duas abordagens na história da educação especial no Brasil.

[1.1] VERTENTE MÉDICO-PEDAGÓGICA

Esta abordagem surge em resposta aos casos mais graves de deficiência, sob a orientação metodológica dos trabalhos de médicos como Itard, Seguin, Montessori e Decroly. Exerceu grande influência nos serviços de higiene e saúde pública e de inspeção médico-hospitalar, que tiveram início nas escolas brasileiras em 1911, com Francisco Sodré, responsável pela criação, em São Paulo, de uma classe especial vinculada ao Serviço Sanitário, mais tarde ampliado e transformado no Serviço de Higiene Escolar e Saúde Mental.

Outro nome que influenciou as experiências escolares de pessoas com deficiência foi o doutor Basílio de Magalhães, o qual deu início a uma prática diagnóstica que exerceu grande influência sobre o conceito, a classificação e o diagnóstico de pessoas com deficiência, propondo que a educação desses indivíduos fosse realizada em classes separadas.

O aspecto mais importante a ser mencionado em relação à vertente médico-pedagógica diz respeito aos profissionais identificados como competentes para assumir a educação das pessoas com deficiência: médicos e pedagogos especializados. Em nome da "ordem" e do "progresso", essa forma de educação evitaria a germinação de criminosos e desajustados de todas as espécies (Jannuzzi, 2004, p. 47).

Várias iniciativas que partiram de serviços de higiene e saúde viriam a relacionar a deficiência intelectual principalmente a problemas básicos de saúde, causadores de degenerescência e taras, como sífilis, tuberculose e doenças venéreas, difundindo-se a pregação sobre a eugenia. A forte ênfase dada ao diagnóstico das patologias e de suas etiologias se irradiou ao longo de um século, encontrando nessas práticas uma das mais fortes "crenças" na existência da doença como limitadora para o desenvolvimento humano.

[1.2] VERTENTE PSICOPEDAGÓGICA

No Brasil, a segunda vertente, que Jannuzzi (2004) identifica como psicopedagógica, também recebeu influências francesas, verificadas nas preocupações de alguns educadores brasileiros, como o professor Clemente Quaglio, que realizou, em 1912, as primeiras pesquisas utilizando a escala métrica de inteligência de Binet e Simon, em São Paulo, no Gabinete de Psicologia Experimental, para identificar as crianças "anormais de inteligência". Como vimos no primeiro capítulo, é com os estudos de Binet que se constrói o conceito psicológico de deficiência intelectual, o qual acabou por desencadear inúmeras práticas psicopedagógicas na área da deficiência intelectual.

Dessas pesquisas de Quaglio, aponta Jannuzzi (2004), resultaram estimativas sobre o percentual existente de crianças anormais, cálculo generalizado para o interior do estado, e o aconselhamento de que fosse realizada uma seleção empírico-escolar dessas crianças, feita por professores e diretores, seguida de encaminhamento médico para exame dos supostos anormais e seleção específica com a qual se constituiriam as classes ou seções de escolas especiais e asilos-escolas.

Já naquela época surgiram críticas a esses procedimentos, entendidas como decorrentes da incompreensão da doutrina psicológica. Tais críticas se baseavam no fato de esse sistema levar muitos professores a "viver descobrindo por toda a parte casos de anormalidade". Esses estudos de Quaglio, de acordo com Jannuzzi (2004, p. 51), representaram uma "clivagem nova", baseada nos critérios de aproveitamento escolar estabelecidos pela escala. É assim que, também em nossa história, a busca por uma conceituação mais precisa para alunos "retardados" levou a considerar normal aquele com capacidade de adaptação às suas condições de vida. A prática de seleção estava, pois, embutida na preocupação com a ordem pública, com um trabalho que tornasse os anormais capazes de produzir, de acordo com o que socialmente era colocado como "produtivo", isto é, para produzir mercadorias e lucro.

Na vertente psicopedagógica, destacaram-se dois importantes nomes: Norberto Souza Pinto e Helena Antipoff. Esta última divulgou amplamente a psicologia, cuja influência pôde ser constatada pela criação, no âmbito das reformas estaduais de educação, das escolas de aperfeiçoamento e dos laboratórios de psicologia experimental. De modo geral, as reformas desse período, segundo Jannuzzi (2004), não visavam a favorecer a educação do deficiente, mas, sim, destinavam-se à educação dos "normais", assim considerados de acordo com os parâmetros de excelência aceitos por profissionais especializados e idôneos, aos quais se deu a última palavra.

Visando a esse fim, foi criada a Escola de Aperfeiçoamento, na qual professores e diretores poderiam realizar, após o Curso Normal, uma espécie de atualização. A formação era fundamentada na psicologia e na biologia, com afastamento da história e da sociologia. A ênfase nessas ciências possibilitava a relação entre os fatores que determinavam as reações e os comportamentos físico e intelectual. Todo esse mecanismo de tecnificação da escola possibilitou a criação de mecanismos de detecção dos desajustamentos dos deficientes, uma vez que as conceituações trazidas pelos especialistas (médicos e pedagogos) eram abrangentes e com conotação estreitamente vinculada a valores existentes na sociedade (Jannuzzi, 2004, p. 112).

[1.3] AS VERTENTES PEDAGÓGICAS E A CONSOLIDAÇÃO DA EDUCAÇÃO ESPECIAL

Em um balanço do período que vai de 1930 a 1970, Jannuzzi (2004) explica que foi nesse intervalo de tempo que a sociedade civil começou a organizar-se em associações preocupadas com o problema das deficiências e ocorreu a criação de escolas ligadas a hospitais e ao ensino regular por iniciativa da esfera governamental. Entidades filantrópicas especializadas continuaram a ser fundadas e surgiram formas diferenciadas de atendimentos em clínicas, centros de reabilitação, institutos psicopedagógicos, na maioria particulares, em especial a partir de 1950. Essas iniciativas situavam-se no contexto da educação geral, na fase de incremento da industrialização no Brasil.

A educação de "débeis mentais" acontecia na escola como estabelecimento destinado a tratamento médico-pedagógico, fosse nas classes especiais, fosse nas escolas anexas aos hospitais, fosse nas instituições filantrópicas.

Esse período culminou, em 1961, com a primeira Lei de Diretrizes e Bases da Educação Nacional (LDBEN)*, na qual a educação do excepcional estava presente, destacada da regular. Segundo a análise de Jannuzzi (2004, p. 136), essa lei representou uma tentativa de realçar um segmento e fazer-lhe alguma justiça. Seus resultados pouco significativos justificaram-se pelos entraves colocados à transformação da organização social como um todo, em que perpetuava "o gozo dos direitos e benefícios só para alguns, os economicamente mais favorecidos".

Na perspectiva de Jannuzzi (2004) ao fazer um contraponto entre o discurso de Basílio de Magalhães e o de Clemente Quaglio, tanto o primeiro, em sua descrição de métodos e processos de educação dos deficientes, quanto o segundo, em sua preocupação com as medidas de inteligência, inserem-se no ideário da Escola Nova, que começava a implantar-se em nosso país.

* Lei nº 4.024, de 20 de dezembro de 1961.

[2] A APROXIMAÇÃO DA EDUCAÇÃO ESPECIAL AO ENSINO REGULAR

Todas essas mudanças de que tratamos até aqui foram intensificadas a partir dos anos de 1990. Foram elas que geraram movimentos os quais impulsionaram com enorme força uma profunda modificação na concepção da deficiência intelectual e da educação especial. Tal alteração se deve a uma somatória de fatores, entre os quais dois podem ser apontados como mais relevantes para a construção da nova abordagem. O primeiro, relativo ao aspecto conceitual, foi a emergência do termo *necessidades educacionais especiais*, que veio substituir a tradicional terminologia empregada para designar a deficiência. Conforme Marchesi e Martín (1995, p. 11), um aluno com necessidade educacional especial é aquele que "apresenta algum problema de aprendizagem ao longo de sua escolarização, que exige uma atenção mais específica e maiores recursos educacionais do que os necessários para os colegas de sua idade". O segundo fator, diretamente ligado às práticas de **integração** escolar, atingiu mudanças notáveis na formulação do currículo, na formação dos professores, nos métodos de ensino, bem como nas atitudes e nas responsabilidades das administrações escolares.

Segundo Mantoan (1998, p. 50-51), a defesa do modelo de integração das pessoas com deficiência surge, nos anos 1960, nos países nórdicos, associada aos questionamentos acerca das práticas sociais de exclusão e segregação. Tem início o movimento do *mainstreaming*, que pode ser definido como um canal educativo geral, cujo fluxo conduz todos os alunos, com ou sem capacidades ou necessidades específicas. É com esse movimento que o aluno com deficiência intelectual passa a ter acesso à educação, a qual deve ser adaptada às suas necessidades. Esse processo de integração se traduz em uma estrutura intitulada *sistema de cascata*, que se constitui em uma forma condicional de inserção em que vai depender do aluno – ou seja, do nível de sua capacidade de adaptação às opções do sistema escolar – a sua integração, seja em uma sala regular, seja em uma classe especial, seja mesmo em instituições especializadas. Trata-se de uma alternativa em que tudo se mantém, nada se questiona a respeito do esquema em vigor.

Esse sistema sugere diferentes graus ou níveis no processo de integração dos alunos com necessidades educacionais especiais e comporta desde a classe regular até os atendimentos hospitalares e domiciliares, passando pelas classes e programas especiais (escolas especiais, centros de dia, entre outros). Descrito por Deno em 1970, tornou-se referência nos trabalhos modernos pela ênfase às possibilidades educacionais e de aprendizagem dos alunos e não às clássicas taxionomias das deficiências (Marchesi; Martín, 1995).

É importante ressaltar que a nova terminologia *pessoa com necessidades educacionais especiais* foi usada pela primeira vez no *Relatório Warnock* (*Warnock Report*, publicado no Reino Unido em 1978), documento em que aparece também a proposta de integração, que, segundo Marchesi e Martín (1995), faz distinção entre integração física, social e funcional. A **física** dá-se quando a educação ocorre em classes ou unidades de educação especial, programas que compartilham o mesmo espaço da escola regular, embora com organização independente. Já a integração **social** pressupõe a existência de unidades especiais na escola regular, mas os alunos com necessidades especiais realizam algumas atividades comuns aos demais colegas. Por último, a integração **funcional** pressupõe que os alunos com necessidades especiais participem, em meio período ou período integral, das aulas normais, sendo incorporados à dinâmica das escolas. Os autores acrescentam a experiência sueca, que distingue uma quarta forma de integração, além das três anteriormente citadas, denominada *comunitária*, direcionada a pensar no lugar que o indivíduo ocupará na sociedade assim que deixar a escola. Pressupõe mudanças importantes na estrutura social e nas atitudes dos cidadãos, de modo a favorecer o processo de integração escolar e a incorporação à sociedade.

Com esse novo sistema, a ênfase foi deslocada das limitações individuais para os problemas de aprendizagem e os recursos educacionais e, portanto, para a capacidade da escola em oferecer uma resposta a suas demandas. Apesar de ser considerada vaga e de abrangência excessiva e, ainda, de ser entendida como um meio de abrandar o sentido atribuído à deficiência, é importante reconhecer o valor histórico da nova terminologia, pois permitiu colocar o foco nas possibilidades da escola e abriu caminhos para a reforma do sistema educacional, possibilitando o debate sobre a **inclusão escolar**.

No Brasil, a partir da década de 1970, sob um forte discurso de democratização da escola, determinante da ampliação do número de vagas, começam as preocupações com o fracasso escolar, principalmente de grupos minoritários, gerando o aumento da oferta de serviços diferenciados para atender às diferentes demandas. Os vários enfoques pedagógicos buscam então reduzir a distância funcional na utilização conjunta dos recursos educacionais.

Foi nesse período que, segundo especialistas na área[▾], e sob a influência desse modelo, surgiu uma resposta mais contundente do poder público à questão das deficiências. Em decorrência da ampliação do acesso à escola para a população em geral, e mesmo diante das críticas direcionadas à análise dos processos de produção do fracasso escolar[▾▾], assistiremos à consequente implantação das classes especiais nas escolas básicas públicas, na época predominantemente sob a responsabilidade dos sistemas estaduais (Ferreira, 1994).

Vale ressaltar que a ampliação do atendimento educacional trouxe mais uma categoria de indivíduos que não se enquadravam aos padrões esperados. Eram os alunos que, até entrarem na escola, não eram considerados "anormais", mas que, a partir do processo de escolarização, passaram a enquadrar-se em categorias como "pessoas com distúrbios

▾ Ferreira, 1994; Mazzotta, 1996; Jannuzzi, 2004.

▾▾ Para aprofundar o estudo sobre o fracasso escolar, ver Patto, 1984, 1990.

de aprendizagem", ou "com problemas de comportamento", ou "com outra manifestação de fracasso escolar", em razão de na escola possuírem rendimento aquém do esperado. A expansão das classes especiais deu-se então, no Brasil, sob a justificativa da necessidade de avaliação e encaminhamento de crianças com deficiências mentais leves aos programas especializados, assim identificadas ao frequentarem salas do ensino regular.▾

A psicologia tradicional – originária na interface da psicologia com a educação, conforme identificamos no primeiro capítulo – respondeu a essa demanda com a utilização de escalas métricas e teorias explicativas sobre desenvolvimento, aprendizagem e comportamentos normais e anormais, especificando categorias e graus de competência e "incompetência" para a aprendizagem, graus de maturidade e potencialidades, na tentativa de justificar as desigualdades da sociedade por meio de uma explicação científica – uma ciência supostamente neutra – em uma dimensão individual e natural (Patto, 1984, 1990).

A análise de Souza (2002) em *O impacto da psicologia na construção histórica do conceito de deficiência mental* mostra que o encontro da psicologia com a educação torna evidente o propósito dessa ciência em contribuir para a manutenção da ordem social. Trata-se de um abordagem científica que classifica, nomeia as diferenças,

▾ No decorrer do livro, iremos apresentar três casos de crianças que passaram por essa trajetória, a fim de examinarmos os efeitos dessas práticas na dimensão subjetiva desses indivíduos. Discutiremos também alternativas de análise e encaminhamento de tais casos.

dá os meios para a adaptação social, define aqueles que devem estar inseridos e aqueles que "não podem" ser socialmente adaptados.

Desde a sua criação, a psicologia vem construindo modos de classificar, propostas de intervenção e teorias explicativas que têm como ponto de partida a diferença individual e como destino a adaptação dos indivíduos à sociedade (na relação com a educação, nas organizações, nas clínicas). A herança de sua filiação liberal não se restringe ao momento de seu nascimento. Tradicionalmente, em distintos espaços de atuação e momentos históricos, a ciência psicológica serviu à seleção dos indivíduos a partir das ideias de adequação/inadequação, normalidade/anormalidade.

Na eleição de padrões de normalidade, seleção e adequação dos indivíduos está a participação decisiva da psicologia na determinação do que se compreende por deficiência mental. A própria expressão *deficiência mental* se consolida nesse campo do saber e se estende para o campo educacional e demais áreas relacionadas, estabilizando o sentido comparativo do estudo da mente – inteligência – e estabelecendo os níveis de educabilidade: educável, treinável e de elegibilidade para a vida social produtiva.

No Brasil, os órgãos responsáveis pelas diretrizes nessa área têm apresentado os diferentes elementos e enfoques que explicam o conceito de deficiência intelectual. É notável, contudo, nos últimos anos, a transformação quanto à ênfase dada em cada caso. Anteriormente, enfatizavam-se basicamente os meios e as técnicas de avaliação diagnóstica, bem como a caracterização e a classificação das deficiências. Atualmente, essa ênfase desloca-se para os processos de intervenção e para os sistemas de apoio. O Plano Nacional de Educação[▼], ao se referir à educação especial, define-a como aquela que se destina "às pessoas com necessidades especiais no campo da aprendizagem, originadas quer de deficiência física, sensorial, mental ou múltipla, quer de características como altas habilidades, superdotação ou talentos". A inclusão dessas pessoas no sistema de ensino regular é uma diretriz constitucional. Uma série de documentos norteadores[▼▼] do MEC/Seesp (Secretaria de Educação Especial) direcionam-se especificamente para a ênfase em uma mudança de paradigma – da integração à inclusão – e para a construção de uma escola inclusiva para os diferentes níveis.

[3] DA INTEGRAÇÃO À INCLUSÃO

Com a nova LDBEN[▼▼▼], o paradigma até então vigente – o da integração – passa a ser questionado; a terminologia é modificada e a ênfase no indivíduo desloca-se para o sistema de ensino. Em decorrência, o sistema em cascata – modelo de integração adotado – é colocado sob contestação, dando-se ênfase à inserção do aluno na classe

▼ Lei nº 10.172, de 9 de janeiro de 2001.

▼▼ Para maior aprofundamento, consulte o seguinte endereço: <http://portal.mec.gov.br/seesp/>.

▼▼▼ Lei nº 9.394, de 20 de dezembro de 1996.

comum ou em programas considerados mais inclusivos, como é o caso das salas de recursos. Essa nova forma de inserção vai se configurando nas políticas do MEC/Seesp a partir de um modelo de inclusão mais radical, completo e sistemático, uma vez que o objetivo é incluir um aluno ou um grupo de alunos sem que tenham sido anteriormente excluídos, isto é, sem que antes tenham sido incluídos em algum programa de atendimento educacional especializado. A questão é: colocar todos os alunos na sala de aula do ensino regular significa não produzir exclusão?

Mittler (2003) esclarece que na perspectiva da integração não há pressuposição de mudança da escola, ao passo que a inclusão estabelece necessidade de reformulação dos currículos, das formas de avaliação, da formação dos professores e a adoção de uma política educacional mais democrática. A ênfase se desloca do aluno e das deficiências unicamente nele localizadas para o sistema escolar, o que se reflete no termo *necessidade educacional especial*, que irá abranger não apenas os alunos com deficiência, mas todos os alunos que não conseguem aprender na escola. É a escola que deve ser convocada a dar respostas a todas as diversidades.

No entanto, embora tanto o movimento de integração escolar quanto o de inclusão venham problematizando a questão do atendimento educacional de crianças e jovens com necessidades educacionais especiais, o último – inclusão – vem atingindo posturas radicais e talvez equivocadas.

As propostas atuais variam, indo desde a ideia da inclusão total – posição que defende que todos os alunos devem ser educados apenas e tão-só na classe da escola regular – até a ideia de que a diversidade de características implica a existência e a manutenção de um contínuo de serviços e de uma diversidade de opções (Mendes, 2006, p. 396).

O discurso da inclusão coloca-se, assim, em contraposição à integração da década de 1970, estabelecendo que as diferenças humanas são normais, reconhecendo o acentuado grau de desigualdades associadas à existência das diferenças de origem pessoal, social, cultural e política e defendendo, assim, a necessidade de uma reforma educacional radical como propulsora da transformação social como um todo e como garantia de uma educação de qualidade para todos.

Contudo, se é no âmbito da transformação social que a inclusão se propõe intervir, ela requer que, no mínimo, se contextualize a organização social em sua totalidade, em especial nos contraditórios e avançados índices de exclusão que vem produzindo.

O movimento pela normalização e integração social, por exemplo, é analisado por Mendes (2006) como concomitante à depressão econômica decorrente da crise do petróleo, por volta da década de 1970, e serviu para fechar instituições e reduzir gastos. A atual proposta de inclusão emergiu no final da década de 1980, quando o modelo econômico vigente passou a atingir níveis insuportáveis de exclusão social. Portanto, os determinantes econômicos têm servido como poderosos propulsores do movimento de inclusão e têm transformado movimentos sociais legítimos de resistência em justificativas veladas para cortar gastos dos programas sociais, diminuindo, assim, o papel do Estado nas políticas sociais.

Críticas à inclusão total dirigem-se às fontes de sua apropriação e disseminação, bem como aos motivos de sua implementação: a atratividade do baixo custo, pois a curto prazo a ideologia da inclusão total traz vantagens financeiras, porque justifica tanto o fechamento de programas e serviços nas escolas públicas (como as classes especiais ou salas de recursos) quanto a diminuição do financiamento às escolas especiais filantrópicas. A médio e longo prazos, ela permite também um descompromisso em custear medidas tais como: formação continuada de professores especializados, mudanças na organização e na gestão de pessoal, financiamento para atender diferencialmente o alunado com necessidades educacionais especiais e outras medidas que possam assegurar o direito constitucional à educação de pessoas com deficiências (Mendes, 2006).

Embora na história da educação especial sempre tenha havido adeptos das propostas integracionistas, convém relacionar os momentos históricos em que esses discursos se intensificam, afinados como ideologia hegemônica, justamente em períodos nos quais a exclusão social se agrava. Vários estudos▾ apontam para a necessária compreensão dialética do processo de inclusão/exclusão na dimensão da organização social como um todo. Outras pesquisas▾▾ problematizam os argumentos ideológicos invisíveis nesse discurso, assim como a

▾ Padilha, 2004; Jodelet, 1999; Sawaya, 1999.

▾▾ Mendes, 2006; Veiga-Neto, 2005; Laplane, 2004.

ilusão – por ele proporcionada – de que é um processo fácil. Esses estudos apontam para os possíveis riscos de, sob efeitos desse discurso, estarmos produzindo formas cada vez mais sutis de exclusão escolar.

Assim, o provável equívoco dessa proposta localiza-se no seu ponto de ataque, ou de desvio da atenção sobre o que é realmente relevante para a promoção de uma sociedade mais inclusiva: o fechamento de programas especializados, tanto da rede pública quanto das escolas especializadas mantidas por entidades filantrópicas.

Nesse sentido, Omote (2006) nos conduz de forma clara ao outro sentido que a inclusão deve adquirir em relação à oferta de serviços à comunidade: uma sociedade abrangentemente inclusiva deve dispor, muitas vezes, por razões técnicas, de alguns serviços completamente à parte de outros serviços da área, o que não precisa necessariamente ser interpretado como forma de conduzir seus usuários à exclusão, mas, sim, como um avanço no atendimento às necessidades de todas as pessoas.

Omote (2006) aponta para a realidade de crianças e jovens que carecem de atendimentos especializados multidisciplinares para que lhes sejam asseguradas condições necessárias a uma vida digna, ainda que bastante limitada, isto é, há indivíduos que apresentam certos quadros de comprometimento que os tornam tão limitados e alterados que precisam de atendimento especializado distinto daquele que a escola de ensino comum pode proporcionar. As ações educacionais que podem ser realizadas nesses casos dizem respeito, por exemplo, às atividades da vida diária, de modo a que alcancem alguma independência e melhor qualidade de vida, e não a qualquer tentativa de escolarização, "pelo menos, nas condições atuais de recursos de ensino e outras condições pedagógicas de que as nossas escolas e a nossa tecnologia de ensino dispõem". Todas essas pessoas, independentemente do grau de comprometimento, têm direito a serviços de qualidade que atendam a suas necessidades especiais. Desse modo, "radical e total deve ser a provisão de serviços para o atendimento das mais variadas necessidades de toda a população" (Omote, 2006).

Assim, os discursos que justificam a inclusão total, apresentando-a como fácil e indolor e afirmando que as "diferenças são normais", propositalmente disfarçam a "indisfarçável normalidade que regula o desenvolvimento contemporâneo das sociedades competitivas" (Gentili, 1995, p. 234).

[4] A LEGISLAÇÃO E O NOVO PARADIGMA: NOVOS DILEMAS

A década que encerrou o último milênio esteve sob o impacto das conquistas estabelecidas pela Constituição Federal do Brasil em 1988, que ressalta o dever do Estado com a educação. Embora o direito inalienável à educação tenha sido assegurado pela Declaração dos Direitos Humanos de 1948, as formas de envolvimento do Estado no que se refere a esse dever não haviam sido explicitadas de modo tão contundente como na Constituição atual.

A nova LDBEN instituiu as políticas nacionais de educação especial, que foram especialmente alavancadas pela Conferência Mundial de Jomtien sobre Educação para Todos em 1990 e pela Declaração de Salamanca em 1994. Elas representaram um marco para a instauração de um novo discurso a permear as práticas educacionais no Brasil.

A Declaração Mundial de Jomtien sobre Educação para Todos (Conferência Mundial de Educação para Todos, 1990) estabelece como objetivo que se ofereça educação a toda a população até o ano 2000, fundamentada no seguinte argumento:

- a pobreza e a miséria verificadas no mundo atual são produtos, em grande parte, da falta de conhecimento a respeito dos deveres e dos direitos humanos;
- a falta de garantia do direito básico à educação (e do acesso à informação) constitui fonte de injustiça social.

É também argumento forte da Declaração de Salamanca (Unesco, 1994) que todas as crianças devem aprender juntas, independentemente de quaisquer dificuldades ou diferenças que possam ter. As escolas inclusivas devem reconhecer as diversas dificuldades de seus alunos e responder a elas, acomodando tanto estilos como ritmos diferentes de aprendizagem e assegurando uma educação de qualidade a todos através de currículo apropriado, modificações organizacionais, estratégias de ensino, uso de recursos e parcerias com a comunidade. Dentro das escolas inclusivas, as crianças com necessidades educacionais especiais devem receber qualquer apoio extra de que possam precisar, para que se lhes assegure uma educação efetiva.

A LDBEN incorpora esses princípios como sugestão, mas não os convoca como obrigatórios. A escolha é concedida pela palavra *preferencialmente*. As novas Diretrizes Nacionais para a Educação Especial na Educação Básica, de 2001, orientam e normalizam a inclusão na educação básica, uma vez que reafirmam o direito de todos à educação, inclusive das crianças e dos jovens que não se encontram no sistema de ensino em função de suas necessidades educacionais especiais, o que os diferencia da maioria dos alunos.

Tais políticas estabelecem que sejam asseguradas "a igualdade de oportunidades" e a "valorização da diversidade", ao mesmo tempo em que tendem a neutralizar as diferenças, afirmando que ser "diferente é normal". Quanto a este último pressuposto, é preciso ressaltar, sabemos que, do ponto de vista social e político, certas diferenças não são normais, posto que implicam profundos processos sociais e históricos de desigualdade. E, mais que isso, certas diferenças adquirem sentidos que levam a processos de discriminação e preconceito, cujos efeitos são dramáticos para a aprendizagem escolar. Assim, pensar que uma deficiência intelectual é normal em uma sociedade que aprimora mecanismos de produção cada vez mais acelerados – afinal, tempo é dinheiro –, que exige formas rápidas, abstratas, flexíveis e descartáveis de aprendizagem é, do ponto de vista psicológico, no mínimo uma negação dos efeitos concretos dessa sociedade sobre a constituição subjetiva dos indivíduos.

A passagem do milênio vem sendo caracterizada por um profundo processo de transformação e reorganização social em razão da crise estrutural do modelo de produção capitalista. No bojo dessa reorganização, situa-se a ideologia da globalização, com implicações diretas na transformação das relações de trabalho e produção.

Nesse contexto, podemos questionar a ideologia contida no discurso da inclusão, em especial por seu principal argumento, segundo o qual é creditada à educação a tarefa de produzir a transformação social necessária para superar as desigualdades existentes em nossa sociedade. Isso porque a influência que a educação vem sofrendo do mundo do trabalho, este demarcado pela reestruturação produtiva característica do atual processo de globalização da economia, acentuada pelas políticas contemporâneas de educação regidas pelo ideário neoliberal, só vem a fortalecer o processo sociometabólico do capital (Mészáros, 2002, 2005).

Portanto, não é o acesso à escola que impedirá a exclusão educacional, uma vez que a educação formal está perpassada pela lógica desse processo. Segundo Mészáros (2005), a universalização da educação só é possível em conjunto com a "universalização do trabalho como atividade humana auto-realizadora", embora os propagandistas de tal sistema "acreditem que ele seja inerentemente **democrático** e suponham que ele realmente seja a base paradigmática de qualquer democracia concebível" (Mészáros, 2002, p. 96).

A "educação para o emprego", conforme podemos ouvir dos profetas neoliberais, quando aplicada ao conjunto das maiorias excluídas, não é outra coisa senão a educação para o desemprego e a marginalidade. E, ao que tudo indica, a considerar as análises de Gentili, o efeito da desordem neoliberal no destino da educação das maiorias é "despolitizar a educação" e dar-lhe o significado de "mercadoria" e, assim, garantir o triunfo de suas estratégias mercantilizantes, apagando do horizonte a possibilidade de se implantar uma educação democrática, pública e de qualidade para essas maiorias (Gentili, 1995, p. 244).

É no contexto geral da educação que devem estar presentes os princípios e as propostas que definem a política de educação especial, não se restringindo a documentos técnicos específicos. É também no contexto da organização social como um todo que ela deve ser pensada, em especial em relação à exclusão, sem restringir-se a embates técnicos quanto à concepção das modalidades de atendimento, como, por exemplo, a análise dos programas que, considerados excludentes – e, diga-se de passagem, essa generalização é um risco –, são analisados de forma descontextualizada e responsabilizados em si pela exclusão. Além disso, existe uma expectativa velada de que, ao excluir programas como classes e escolas especiais, teremos solucionado o problema da exclusão educacional no país.

Até 1990 as políticas públicas de educação especial, segundo Mazzotta (1996), refletem o sentido assistencial e terapêutico a ela atribuído pelo MEC. A partir dessa década, surgem indicadores da busca da interpretação da educação especial como modalidade de ensino, embora as propostas se mantenham numa abordagem reducionista, interpretando a educação especial como questão meramente metodológica ou de procedimentos didáticos.

Entretanto, essa suposta mudança paradigmática que começa a configurar-se, em especial o direcionamento político dado a partir do novo paradigma – o da inclusão, gerou grandes impactos, produzindo a interrupção necessária para a reflexão das práticas historicamente instituídas.

Os efeitos dessa mudança geraram uma considerável celeuma para a implementação de novas práticas. Por um lado, o sistema de ensino encontra-se despreparado para atender a toda a demanda pressuposta, eximindo-se da busca de soluções e reafirmando práticas de exclusão que, em última análise, implicam a perpetuação do sistema de ensino, regular e especial, com fronteiras estanques. Por outro lado, a educação especial, considerada parte integrante da educação geral, também deve adotar o princípio de inclusão, que pressupõe que todas as crianças, jovens e adultos com necessidades educacionais especiais devem se beneficiar do ensino, preferencialmente no sistema comum de educação, estando, assim, sua ação educativa compromissada com a possibilidade e a vantagem da convivência entre os diferentes, com o respeito à diversidade e com o direito a uma educação unificada que possibilite a formação da cidadania com qualidade de vida. Contudo, em face da divisão que historicamente constituiu a identidade das áreas e reafirmou por mais de um século a necessidade de uma educação separada, ao encontrar-se sob os efeitos do discurso da inclusão, a educação especial vive um embate sob a ameaça de sua extinção e acaba reafirmando seus saberes sobre a identidade das deficiências e da própria educação especial como forma de se proteger da possibilidade de sua própria exclusão.

Em ambos os casos, constata-se que a instauração de uma nova lei, que pressupõe um outro paradigma, o da inclusão, desestabilizou saberes e poderes historicamente constituídos e cristalizados nas práticas pedagógicas tanto da educação especial quanto da educação regular, retratando a força da barra que historicamente separa normalidade e anormalidade.

Nesse sentido, ao fazermos um balanço das conquistas da educação especial até o final do século XX, podemos afirmá-las em relação à educação das pessoas com deficiência intelectual. Mas, não podemos encobrir uma história que, além de conquistas, apresenta-se com reincidentes preconceitos.

De maneira geral, as linhas expostas nas diretrizes da educação especial valorizam a diversidade e, em alguns momentos, parecem afirmar que não há mais um padrão de normalidade a ser seguido. Segundo a análise de Souza (2002), com o surgimento dessas políticas de inclusão, parece tornar-se fora de lugar discutir sobre deficiência intelectual. Ela, porém, continua a existir, da mesma forma que continuam a existir indivíduos com deficiência física, surdos e cegos. Mais do que a continuidade da existência real de deficiências, a autora considera que há a manutenção de um padrão de normalidade, que continua a ser o do indivíduo competente, competitivo, hábil, bem-sucedido. As mudanças anunciadas com a adoção do conceito de **necessidade educacional especial** e da **inclusão como proposta** – as quais se centram nas respostas educativas, nos recursos e nos apoios a serem criados para atender à diversidade dos alunos – mostram-se longe de significar, de fato, um outro modo de conceber a deficiência. Quando se considera que uma pessoa tem "necessidades educacionais especiais", designação que implicitamente acaba por remeter ao sistema, isto é, à necessidade de criação de respostas educativas adequadas, mantém-se a ideia de que reside nos indivíduos, em princípio, a possibilidade ou a impossibilidade de se beneficiarem da educação.

As orientações para uma educação inclusiva não abandonam o entendimento de que a pessoa "excepcional" ou com "necessidades educacionais especiais" é todo aquele que requer "atenção especial no lar, na escola e na sociedade". A proposta inclusiva, apesar da ênfase na atenção ao aluno, no respeito à diversidade, não deixa de ter como objetivo último aproximar da "normalidade", o máximo possível, todos aqueles que se distanciam de um padrão esperado. Nesse sentido, ainda que não se encontrem alusões a categorias de deficiência e estas tenham sido transformadas em "dificuldades acentuadas" ou em "necessidades especiais", evidencia-se que essas qualificações dizem respeito a aspectos presentes em um indivíduo que o distanciam do padrão de normalidade (Souza, 2002).

É nesse cenário que se professa a inclusão escolar como garantia de avanços em nossa democracia, como meio de assegurar o direito inalienável a uma educação para todos. Nossa análise, contudo, apela para que esse direito não se restrinja apenas a uma forma de garantir a presença da diversidade, construída sobre a ideia de fixação de identidades e de perpetuação das fronteiras que separam normalidade de anormalidade, reafirmando-as e produzindo novas – e veladas – formas excludentes de inclusão. Explicitar essa contradição constitui-se na tarefa de expor o risco com o qual a escola contemporânea vive seu principal desafio, posto que, se a inclusão – pensada em termos de atribuição e fixação de identidades – não supera o binômio normalidade-anormalidade, apenas assegura uma forma de se garantirem presenças, porém presenças controladas, o que pressupõe o controle da alteridade e nega a possibilidade de a criança ser considerada sujeito de sua história. História entendida como acontecimento, como processo, ao contrário daquilo que é sempre esperado dela: que seja considerada "normal". Ao conceder-lhe a possibilidade de interromper a expectativa daquilo que se espera – que ela seja "normal" –, estabelecemos a possibilidade da expressão única e singular, imprevisível, portanto **diferente**. Diferença que se opõe à mesmidade, ao convite aos rótulos e ao "pré-conceito" que a convocam a ser sempre a mesma, sempre igual, sempre normal.

Assim, exercitamos a possibilidade da alteridade, da presença do "outro" e de sua existência enquanto devir. Devir entendido no sentido geral do ser como processo ou, no sentido filosófico, como designação de todas as formas do tornar-se, do vir-a-ser, do modificar-se, do acontecer, como indicativo de movimento e de mudança, ou seja, da possibilidade da diferença. Essa forma de entendimento representa o confronto ao enclausuramento dado pelos rótulos identitários, pela fixação de identidades que convocam as pessoas a serem sempre as mesmas – a mesmidade dada pelo diagnóstico da deficiência, pelo estabelecimento do Q.I., pela denominação de uma síndrome etc. –, subtraindo-se sua individualidade.

PRÁTICAS SOCIAIS E DIFERENÇAS INTELECTUAIS

A EDUCAÇÃO INCLUSIVA na área da deficiência intelectual é o suposto novo discurso a desafiar a escola do novo milênio. As pessoas a quem essa educação se destina, porém, não podem ser pensadas como "possuídas" ou "portadoras de deficiência" ou ser fixadas nos rótulos instituídos por suas identidades especiais. Os princípios envolvidos na tarefa de educar a todos devem ser regidos pela ética e pelo direito à cidadania, com vistas à implantação de uma escola para todos e à configuração de um mundo em que todos possam ocupar um lugar especial.

Resta, contudo, perguntar se a tarefa imposta à sociedade – de abrir-se para a diversidade – e à escola – de superar seu furor normalizador e acolher as diferenças sem discriminá-las – é possível. Abrir as portas para a inclusão não significa simplesmente inserir alunos no ensino regular. O debate em torno da inclusão requer aprofundamento no que se refere aos posicionamentos ético e político em relação às diferenças. Caso contrário, pode cair na desmemória e repetir-se em silenciadas práticas de exclusão.

Ao fazer um balanço do tratamento dado às pessoas com deficiência intelectual no século XX, Ceccin (1997) conclui que, nessa questão, o discurso da medicina teve a expressão do furor normalizador, fazendo a mediação entre a soberania (a ordem do direito, as normas públicas) e a disciplina (enquadre, seleção, separação normal-a-normal). Nesse contexto, "para evitar os perigos à ordem social, defender a sociedade instituída e a economia política, a rejeição às pessoas com deficiência traduz a sociedade disciplinar, ou seja, a sociedade da normalização". O autor propõe então como saída a eliminação dessa demanda disciplinar-normalizadora de solução segregadora, de modo que se ouse acreditar que as pessoas com deficiência intelectual sejam capazes de aprender e também de ensinar a sociedade a capacitar-se com essas pessoas. Essa atitude teria início pela análise da radical recusa de escuta que essa sociedade tem tido para com elas.

A proposta é, então, a de que se tensione o discurso da diferença nos pontos em que ele tende à segregação, à justificativa orgânica e associada à distinção de identidades. Instigar essa tensão é fazer emergirem ações, atitudes, representações e conceitos que compõem a trama da sociedade normalizadora e operar com suas ressignificações.

É hora de repensar nossas preocupações de caráter identitário e questioná-las. Em geral, começamos por querer nomear e classificar a pessoa com deficiência intelectual. Porém, sempre que persistimos na nomeação e na classificação da identidade anormal do indivíduo para darmos início ao nosso trabalho, estamos sujeitos a **reafirmar** entre ele e nós a barra que historicamente nos separou, mesmo que sua presença seja uma realidade na sala de aula. Ao conceder-lhe uma **identidade anormal**, inevitavelmente o condenamos a um lugar simbólico que o coloca do outro lado da fronteira, **que nos separa** e ao mesmo tempo **nos protege** dos efeitos que sua estranha presença pode produzir em nós. É preciso então aceitar o desafio de implodir a lógica das identidades fixas – bem como dos estereótipos e dos rótulos que produzem – que dominam os conceitos e as práticas na área da deficiência intelectual e flexibilizar tais fronteiras. Um bom começo para responder a esse desafio é apostar na relação com o "outro" como alguém – estranho – a ser conhecido, concedendo-lhe a alteridade, e não como alguém de quem se espera sempre o que "deve" corresponder a uma pessoa dita "normal".

[1] A INCLUSÃO ESCOLAR E OS NOVOS MODOS DE PRODUÇÃO SUBJETIVA

Aqui levantamos nossa grande questão sobre o ideário que sustenta o suposto novo discurso da inclusão, instituído em forma de uma "nova mentalidade": educar para incluir no mercado de trabalho? É inegável que educação e trabalho são facetas indissociáveis da inclusão social. Entretanto, como compreender a complexidade das questões que emergem dessa relação? A inclusão social parece estar associada à inserção do indivíduo no mundo do trabalho, mas de nenhuma forma pode ser reduzida a esse aspecto. A educação, por sua vez, não pode ser pensada apenas em função da capacitação técnica para o trabalho.

Do ponto de vista histórico, ocorre que a era da globalização lança o capitalismo numa nova fase, em que o mercado e sua lógica se impõem às relações sociais. A estrutura capitalista causava, em princípio, divisão de classes e relações de dominação de uma classe por outra. Os detentores dos meios de produção impunham suas condições aos que possuíam apenas sua força de trabalho.

Nesse contexto, a educação servia à preparação para o trabalho e à manutenção das mesmas relações. Com o avanço tecnológico, no entanto, as relações de dominação foram se aprofundando e, ao chegarmos à atual era do capitalismo globalizado, em que a tecnologia substitui progressivamente a força de trabalho e o ser humano é cada vez mais substituído por seus produtos, as anteriores relações de dominação foram substituídas por relações de exclusão. Uma imensa população está excluída do mundo do trabalho formal.

A educação assume um papel preponderante nesse cenário, na medida em que a inclusão social depende da inserção do indivíduo no mundo do trabalho e esta, por sua vez, é possibilitada mediante a progressiva capacitação profissional.

As instituições sociais, tanto de educação quanto de trabalho, exercem um controle social sobre seus produtos, incluindo entre eles modos de produção da subjetividade. Com isso, o indivíduo sofre e é cada vez mais excluído dos processos de educação e de trabalho no modo de produção capitalista. Desenvolve-se o indivíduo para que ele amadureça competências para o trabalho e para que seja cada vez mais adaptado **ao sistema organizacional**, impondo-se, consequentemente, a exclusão àquele que não as tem. Esse modelo de inclusão institui-se na sociedade como o melhor caminho de inclusão no mercado de trabalho. No entanto, ele encobre um de seus maiores produtos: a exclusão promovida pelos agentes de educação.

Essa contradição nos leva a afirmar que esta nova mentalidade – a inclusão – não pode ser pensada fora do contexto histórico, político e econômico em que se inscreve. Nele se inserem as pessoas com deficiência intelectual, historicamente excluídas das práticas sociais normalizadoras e equalizadoras em nome de sua doença/deficiência. Em tempos atuais, contudo, essas pessoas são chamadas a participar da sociedade em nome da cidadania, da democracia, em nome de uma política de inclusão social. Todavia, é evidente a contradição em que este "supostamente novo" discurso da inclusão se enuncia. Uma sociedade que aprimora modos de produção subjetiva, investindo cada vez mais em competências e habilidades globais e flexíveis, na aceleração, na rapidez e na competitividade, portanto em novas e complexas formas de **inteligência**, constrói novas formas de representação da normalidade, ao mesmo tempo em que cria instrumentos simbólicos e materiais para a produção de um grande contingente de excluídos. Entre eles estão aqueles que silenciosamente passam de deficientes a pessoas com necessidades especiais e que atualmente, em alguns casos – ou talvez em muitos –, encontram-se presentes nos bancos escolares, porém invisíveis.

Quais as consequências dessas novas contradições, uma vez que um dos maiores produtos das sociedades globalizadas tem se revelado como novas formas de exclusão, ou então, conforme já citado, como formas excludentes de inclusão? Do ponto de vista ético, quais as consequências subjetivas dessas práticas? As práticas normalizadoras e equalizadoras, massificadoras e homogeneizadoras teriam sido amenizadas? Teríamos afrouxado a barra entre normalidade e anormalidade, ou melhor, teria nosso conceito de normalidade se modificado? Ou estaríamos sob efeito de novas desordens neoliberais (Gentili, 1995) encobertas pelo discurso da inclusão, como um novo "canto de sereia"?

De antemão, quanto a esses questionamentos, podemos observar que testemunhamos inúmeras análises que insistem em buscar a anormalidade onde ela se iguala – nas fases, nas etapas e nas médias padronizadas, nas notas, nos quadros patológicos, nas síndromes, nas diferentes identidades anormais, refratando a consolidação e o perfilamento do conceito de normalidade, justamente onde se anula qualquer possibilidade de se presentificar a vida, o "outro" diferente, a alteridade, e com ele qualquer possibilidade de nos indagarmos sobre aquilo que somos, nossa normalidade pensante, assentada sob a soberania da razão. O saber sobre o "outro" concebido nos moldes de uma ciência racional e positiva pode anular a possibilidade de se construir um saber com o "outro" ou mesmo de se aprender com esse "outro" sobre nós mesmos. Os conceitos e as práticas direcionados à deficiência na mente ou na inteligência e que implicam a classificação dos desvios desse "outro" descartam qualquer possibilidade de escuta do saber desse indivíduo, em favor de um saber que o delimita, que lhe prescreve a vida e que o emudece.

Essa realidade faz com que a igualdade de direitos seja convertida em um único direito: o de sermos todos iguais diante das exigências de produção, lucro e consumo, produzindo-se uma verdadeira interdição do direito à diferença.

Mas, afinal, não somos sempre **diferença**?! A luta em defesa da igualdade de oportunidades e do respeito às diferenças não é um movimento simples, pois os mesmos argumentos desenvolvidos para defender relações mais justas, dependendo do contexto e do jogo político em que se inserem, podem ser ressignificados para legitimar processos de sujeição e exclusão.

Essa afirmação nos conduz à seguinte indagação: como a escola, com seus ideais de igualdade e liberdade, com sua promessa de felicidade, consegue elidir seu papel na produção de modos de subjetivação que implicam submissão, exclusão, uma verdadeira produção subjetiva da anormalidade? A pergunta nos leva a aprofundar nosso debate, colocando em evidência a relação entre as instituições da modernidade e a experiência humana da anormalidade.

[2] A INSTITUIÇÃO ESCOLAR E AS NOVAS PRÁTICAS DE NORMALIZAÇÃO

A escola representa a primeira instituição a ser incorporada na vida da criança depois da família. Com seu caráter formal e burocrático, estabelece seus objetivos não apenas no que se refere à transmissão dos conteúdos do ensino, mas também naquilo que concerne a uma constante vigilância das crianças e dos jovens, organizando, assim, a experiência da vida prática da infância e da juventude. Não se trata da organização dos conteúdos nem dos cuidados com sua transmissão, mas, sim, da forma dada à experiência dessas crianças e jovens e ao sentido que eles têm de si mesmos. A experiência escolar é algo mais profundo e complexo que o processo de instrução.

A frequência das crianças e dos jovens na escola adquire uma proporção que atinge quase a totalidade dos países. É uma espécie de instituição total que, segundo Enguita (1989, p. 157), apresenta-se diante das crianças e dos jovens como a única coisa séria que há nesse período de suas vidas.

De maneira geral, dos representantes clássicos das ciências sociais aos pensadores atuais, somos incitados a assumir um distanciamento para repensar a modernidade, a fim de entender o que se passa em nossos dias, o invisível existente no discurso da educação e a trama disciplinar que constitui a outra face dos supostos valores liberais e igualitários da escola.

Nesse sentido, Varela (1994) leva-nos a olhar de forma rápida e esclarecedora a lógica de uma série de mudanças inter-relacionadas e que têm origem no Renascimento. Elas se referem ao campo dos saberes, às relações entre poderes e saberes específicos, bem como entre eles e os modos de subjetivação ou os diferentes tipos de identidades sociais que se instituíram.

Para a análise desses processos de mudança, a autora coloca como central a compreensão do processo de "pedagogização dos conhecimentos", o qual implicou a instauração de um "aparato disciplinar" de penalização e moralização dos alunos, que ligou a aquisição da verdade e da virtude à ascese e à renúncia de si mesmos. A disciplina e a ordem nas salas de aula tornaram-se centrais no sistema de ensino, chegando a eclipsar a própria transmissão de conhecimento.

Uma nova transformação, em conexão com esse processo de pedagogização dos conhecimentos, é denominada por Foucault (1987) de *disciplinarização interna dos saberes*. Sob um novo tipo de análise, ele retrata o múltiplo e imenso combate que se trava no campo do saber em relação à formação e ao exercício de determinados poderes, o que implicou a reorganização dos próprios saberes.

A velha ortodoxia de controle dos conteúdos foi substituída por outra, de controle mais rígido e interno, desencadeando a passagem da coerção da verdade à coerção da ciência, da censura dos enunciados à disciplina inscrita na própria enunciação.

Segundo a análise de Varela (1994), Foucault avança ao mostrar como a disciplinarização dos saberes esteve intimamente ligada a modos de subjetivação específicos. Para isso, foi necessário colocar em ação tecnologias disciplinares destinadas a conformar sujeitos dóceis e úteis ao mesmo tempo. A era disciplinar anunciou técnicas de vigilância, como medida preventiva, para além da escola: prática de tempo integral.

A disciplina constituiu-se como um marco entre a escola tradicional autoritária e a escola moderna democrática, sem deixar para trás as reivindicações morais do humanismo, colocando em marcha os mecanismos que a sociedade capitalista possui como um de seus pressupostos – o indivíduo autônomo – com a finalidade de aumentar o domínio de cada um sobre si mesmo, sobre o próprio corpo. Trata-se da produção do sujeito individualizado e autoconsciente que somos nós.

Todos os processos que subjazem a pedagogização dos conhecimentos e a disciplinarização interna dos saberes tentam evitar que os conflitos sociais ocorram, que ocupem o lugar que lhes corresponde nas instituições acadêmicas, no campo do saber.

Os saberes pedagógicos resultam, em boa parte, da articulação desses processos. As classificações e as hierarquizações de sujeitos e saberes costumam ser aceitas como algo dado, como "naturais". Os dispositivos que pedagogizam as relações e os conhecimentos produzidos na escola levam a divisões e naturalizações que excluem a diferença, produzindo e reproduzindo divisões e hierarquizações que naturalizam saberes, transformando-os em verdades universais. Assim, são estabelecidos o comportamento certo e o errado, o bom e o mau aluno. Em meio a essa lógica binária, a diferença é o excluído.

O próprio saber do professor é excluído em nome de um saber universal, que a todos encaixa e submete.

Dessa forma, consideramos importante resgatar as marcas da cultura ocidental nas instituições que se engendram na vida escolar, para redimensionar a análise da inclusão escolar. A análise da constituição da escola ocidental leva-nos a refletir sobre as formas de subjetividade que então são geradas, colocando o ser humano como coprodutor das amarras a que está submetido. A sociedade da inteligência tem na escola a maquinação para o agenciamento da subjetividade do homem moderno.

Saberes disciplinares e disciplinarização dos sujeitos são as duas faces de um processo que atravessa a organização escolar. No momento em que avançamos em direção às sociedades pós-disciplinares, esse processo continua vigente por meio do currículo escolar.

Nos níveis iniciais do ensino, há o rompimento com a organização por matérias fechadas em prol da sistematização de unidades temáticas. Contudo, o controle dos saberes e dos sujeitos continua repousando em códigos psicopedagógicos de seus representantes, que reclamam para si o conhecimento da criança. Estabelecem-se, assim, os estágios de desenvolvimento e capacidades cognitivas em função de um pretenso processo de maturação mental, constituindo-se uma espécie de pós-normalização dos sujeitos e dos saberes.

Essa racionalidade necessária para corrigir e transformar a realidade da infância, com vistas à maturidade, à autonomia e à liberdade, instituída por uma temporalidade linear que aponta para o futuro, acaba por consolidar práticas sociais que subtraem o múltiplo e os conflitos dele decorrentes no campo da formação e da produção do conhecimento. Tal maturidade requer entrada no disciplinamento, o que faz com que **cidadania** seja entendida como submissão a regras transcendentais. Segundo a análise de Rocha (2000), a escola partilha com outras organizações a tarefa de acionar o acelerador do tempo social, estruturando-se como mais um território veiculador do sujeito da moral, tendo nos padrões de normalidade a forma de prevenir o patológico, equalizar as distorções sociais e, em última instância, preparar o homem para o trabalho.

Nessa intrincada rede de constituição subjetiva, há a produção de um tipo de trabalho ao mesmo tempo material e subjetivo, presente nas relações familiares e escolares, nos meios de comunicação de massa – uma sobrecodificação que traz a ilusão da unidade do "eu", de um equilíbrio interior, "fazendo viver o estranhamento como ameaça de desintegração". Essa ilusão de unidade do "eu" funciona como defesa da manutenção de si mesmo, como se não fôssemos "sempre diferença". Para esse homem da moral, o problema, o conflito, a crise "não se constituem em índices de mudanças", mas em "sinalização de caos, loucura, desordem" (Rocha, 2000, p. 196).

Ao tratar da polêmica questão da inclusão na escola moderna, Veiga-Neto (2001) refere-se à construção moderna da normalidade, segundo a qual, sob uma denominação genérica, os anormais abrigam-se em diferentes identidades, cujos significados estabelecem-se discursivamente em processos atravessados por relações de poder.

Dessa dinâmica decorre o caráter instável e flutuante dessas e de outras identidades culturais. Assim, é crucial entender que eles não são, em si ou ontologicamente, isso ou aquilo nem se instituem em função do que se poderia chamar *um desvio natural em relação a uma essência normal*; trata-se, isto sim, de saber como se efetua a partilha entre o normal e o anormal. Essa partilha não exprime uma lei da natureza nem tão-só pode formular a pura relação do grupo consigo mesmo. Ela é fruto da ampliação e do refinamento dos saberes sobre a diversidade humana.

Na modernidade, as marcas da anormalidade vêm sendo buscadas em cada corpo, para que depois lhes seja atribuído um lugar nas intrincadas grades das classificações dos desvios, das patologias e das deficiências, das qualidades, das virtudes e dos vícios. O que o autor coloca como novidade, no entanto, é a inversão da lógica com que o neoliberalismo vem operando nesse processo: a atribuição de uma marca não propriamente a um corpo, mas a toda uma fração social, para que se diga a qualquer corpo dessa fração que é normal ou anormal pelo fato de pertencer a essa fração. Ou seja, o critério de entrada é não apenas o corpo, mas o grupo social ao qual esse corpo é visto como indissoluvelmente ligado.

Assim, a análise das formas com que a modernidade atribui sentido à diversidade oferece alternativas que vão da pura e simples negação abstrata dos anormais (como as descritas pelas diferentes formas de racismo), que tem como resultado as práticas de exclusão radicais, passando por alternativas como o recurso à proteção linguística dada por meio de algumas figuras de retórica – "portadores de deficiência" –, até a naturalização da relação normal-anormal, o que leva a pensar a norma em termos naturais e colocá-la sob o entendimento e a administração dos especialistas.

Para aprofundar o debate, Veiga-Neto (2001) propõe-se a correr o risco de submeter essas questões a uma hipercrítica, contribuindo com reflexões sobre o caráter ambíguo que as políticas de inclusão podem assumir, em especial ao decidirem se os anormais podem ou devem se misturar com os normais nas escolas. Ao desnaturalizar essas questões, ele nos mostra o quanto são contingentes, justamente porque advêm de relações que são construídas social e discursivamente. As dificuldades enfrentadas não são de uma suposta natureza das coisas – de alguma propriedade transcendental que presidiria o funcionamento do mundo –, mas da forma como um arranjo é inventado para colocar em ação a norma por meio de um crescente e persistente movimento de, ao separar o normal do anormal, marcar a distinção entre normalidade e anormalidade. O autor exemplifica com o conceito de nível cognitivo, que atua como operador do movimento que marca aquela distinção, sendo, portanto, uma invenção, e não um dado natural. Vários mecanismos foram colocados em funcionamento na escola moderna, no currículo e na organização didática, com a finalidade de fixar os territórios próprios e os alheios.

A lógica da divisão normal-anormal não é diferente da lógica que divide os estudantes por níveis, aptidões, gêneros, idades e classes sociais, que coloca em ação a norma como movimento de separação entre normal e anormal e que, no fundo, produz, pela própria forma com que é organizado o currículo na escola moderna, o efeito de fixar "quem somos nós e quem são os outros" (Veiga-Neto, 2001, p. 111).

A análise dos conceitos de deficiência intelectual que nos propusemos a fazer aqui passou, inicialmente, pela identificação e pelo reconhecimento de tais conceitos em um quadro que se aproxima aos modos dominantes de produção de conhecimento nas ciências humanas, atrelados a uma visão do ser humano e de escola que prima pela exclusão.

Desse modo, investigar o processo histórico da modernidade e a noção de deficiência intelectual dele decorrente, seu surgimento e sua inserção nas práticas escolares contemporâneas, coloca-nos diante da complexidade que a tarefa da inclusão nos impõe.

Ao aprofundar esse debate, constatamos que os conceitos e as práticas dominantes estão respaldados por uma perspectiva que concebe a pessoa com diagnóstico de deficiência intelectual de modo a definir sua essência: ela é isto ou aquilo. Sua deficiência corresponde a um desvio em relação a uma certa essência normal. As metodologias investem na tarefa de recuperar os déficits, os desvios; em última instância, de normalizar a vida.

Nosso desafio resume-se, então, ao compromisso de desestabilizar o conceito patologizante da deficiência intelectual, abrindo caminhos para pensarmos a existência humana de modo singular, em forma de acontecimento, enquanto devir, o que nos permite pensar a deficiência intelectual enquanto diferença intelectual, diferença nas formas de pensamento, de inteligência.

Ao tomarmos outra perspectiva, somos levados a pensar nos efeitos de sentido desses conceitos e das práticas que primam por identificar, reconhecer, enquadrar, determinar o "outro" e, assim, proteger a nós mesmos. Somos levados a repensar nosso papel e nosso lugar nessas práticas e, por fim, nossa própria existência, que se dá sempre na relação com o "outro", na intersubjetividade. Abre-se então o caminho para a **alteridade**, para a possibilidade do reconhecimento do "outro" em sua diferença.

[2.1] O "OUTRO" EM "NÓS": A ALTERIDADE É UMA CONQUISTA

A análise dos discursos institucionais escolares em sua relação com modos de subjetivação específicos nos leva a delinear um outro caminho a seguir: encontrar um elemento de análise que permita captar a singularidade humana que se revela em absoluta vinculação com o coletivo, sem deixar de lado a complexidade com que se inscreve.

Ao considerar a importância da escola na vida da criança, principalmente pelo papel que as práticas discursivas desse contexto desempenham sobre suas identidades, entendemos ser relevante desconstruir o caráter natural desses discursos, especialmente no que diz respeito ao binômio normalidade-anormalidade, evidenciando-o como uma construção discursiva da modernidade. A complexidade da experiência cotidiana requer permanente problematização face à crescente pluralidade de estilos de comportamentos e práticas sociais que alimentam a cultura emergente na imbricada rede de relações socioideológicas e intersubjetivas características das relações entre adulto e criança na escola. A palavra revela o modo como os valores explicitam-se e confrontam-se nesse contexto, portanto ela é a manifestação do papel mediador da linguagem nos movimentos da história, da cultura e do lugar que o sujeito ocupa nessa intermediação. A palavra é também o caminho para se engendrarem as mudanças necessárias para ressignificar e transformar permanentemente a experiência humana no fluxo da história.

Para Bakhtin (1992), o que diferencia as ciências humanas das ciências exatas é o sentido, o qual não pode adequar-se aos critérios de cientificidade das ciências exatas. Estas são uma forma monológica de conhecimento, em que há apenas um sujeito, um intelecto e, diante dele, há a coisa muda. Mas o sujeito, permanecendo sujeito, não pode ficar mudo; o conhecimento que se tem dele só pode ser dialógico.

Teorias como essa já nos convenceram de que é preciso restabelecer o laço entre o homem e a vida e que esse laço só se estabelece pela via da linguagem, em sua dimensão polissêmica, em sua potencialidade constitutiva e instauradora dos múltiplos sentidos que constituem a experiência cotidiana do homem.

É a análise do sentido – matéria-prima social, humana, polissêmica e efêmera – que instaura a relação do homem com a vida, que diferencia o singular do coletivo. Essa dimensão tem por fundamento a intersubjetividade, a relevância da alteridade para a compreensão das realidades humanas. A alteridade é compreendida por Bakhtin como a possibilidade do reconhecimento de uma diferença entre o "eu" e o "outro", sendo a existência do "eu" somente possível a partir do "outro", o que permite um olhar diferenciado na compreensão do mundo. Essa diferença efetiva-se na dinâmica das relações sociais como base da vida social e como fonte de permanente tensão e conflito no campo da produção de sentidos.

Na educação moderna, a concepção de sujeito unitário e autônomo – sujeito soberano – circula entre os discursos e as práticas pedagógicas, sujeito que conhece e é também objeto do conhecimento, sendo isso o que permite a educação em massa de seres que são tanto objetificados quanto sujeitados. Contudo, a natureza do ser que interpreta, representa, conhece e domina – sujeito racional, autopresente e autônomo, que ensina ou aprende – é tomada como dado inquestionável a ponto de ser tratada como natural e invisível. Nesses termos, o "poder da razão moderna" contido nos discursos educacionais constitui-se em uma espécie de grade interconectada de relações de saber e poder, no interior das quais são constituídos os sujeitos, simultaneamente, como alvos dos discursos (objetos e invenções) e veículos de discursos (seus sujeitos e agentes).

A partir de tais regimes de verdade e sob a hegemonia da normalidade, a modernidade construiu estratégias de regulação e controle da alteridade por meio de uma permanente localização do lado externo e do lado interno dos discursos e das práticas institucionais estabelecidas, vigiando suas fronteiras, o que resulta na "ética perversa da relação inclusão/exclusão", opondo as totalidades de normalidade por meio de uma lógica binária que procede à sua "imersão e sujeição aos estereótipos"; sua fabricação e sua utilização, para assegurar e garantir as "identidades fixas, centradas, homogêneas, estáveis" etc (Duschatzky; Skliar, 2001, p. 121).

Assim, o estereótipo constitui-se em uma das principais estratégias discursivas, a qual permite um controle social eficaz, produzindo como efeito uma devastação psíquica sistemática na alteridade. Essa devastação decorre de uma alienação sobre a experiência do que nos é familiar, cotidiano e nos parece sempre evidente e esperado, sempre o mesmo, igual, natural e universal. Já a experiência da alteridade nos possibilita imaginar outros modos de vida, diferentes do nosso, outras experiências subjetivas, diferentes daquelas que nos são familiares, outras formas de pensamento e de imaginação, diferentes da nossa, e aos poucos nos permite desnaturalizar nosso modo de vida e de pensamento, surpreendendo-nos com aquilo que somos, a partir da experiência do "outro" – e do seu sentido. Essa experiência pode possibilitar o rompimento com a relação fixa entre identidade, estereotipia e mesmidade, evidenciando-a, como estratégia política presente na complexidade da ação discursiva, a atuar como forma de controle da alteridade, como forma de vigilância das fronteiras que delimitam quem somos "nós" – os normais, os mais inteligentes, soberanos da razão – e quem são os "outros" – os anormais, os menos inteligentes, submetidos às identidades fixas e patológicas, aos rótulos e aos estereótipos, excluídos em sua possibilidade de existência, única e singular, em sua possibilidade de uma existência enquanto devir.

A antropologia, e especialmente os estudos sobre a colonização da América, vêm se mostrando campos privilegiados de visibilidade à questão da alteridade. Olhar esses outros campos pode nos auxiliar a compreender melhor as relações de alteridade e a ressignificar as fronteiras entre os territórios próprios e os estrangeiros, geográficos ou simbólicos ("meu" país e o país do "outro", os sentidos da "minha" cultura e os sentidos da cultura do "outro", enfim, os sentidos do "eu" e os sentidos do "outro").

Duschatzky e Skliar (2001), partindo de estudos como estes, analisam as formas como a diferença e a diversidade foram anunciadas pela modernidade, apresentando **três versões discursivas sobre a alteridade.**

Na **primeira**, o "outro" é a fonte de todo o mal. As formas de narrar a alteridade são formas de tradução – ler o estrangeirismo – ou de representação – denominação e descrição, regulação e controle do olhar –, que diluem os conflitos, delimitando espaços por onde transitar com relativa calma. Nesse caso, a modernidade inventou a lógica binária e serviu-se dela, denominando de diferentes formas o componente negativo da relação cultural: *marginal, louco, deficiente* etc.

O "outro" se torna, assim, alguém necessário para justificar o que somos, pois nos permite nomear a barbárie e nos assegura de que os bárbaros não somos nós mesmos. O "outro" funciona, pois, como portador das falhas sociais. O problema de aprendizagem passa a ser do aluno; a deficiência, do deficiente; a imaturidade e a incoerência, da criança. A forma como a sociedade ocidental representou seus marginais está relacionada ao retrato de si mesma; logo, a construção da identidade remete ao "outro".

Nesse caso, uma questão significativa do discurso colonial é sua relação com o conceito de fixação na construção e na invenção da alteridade. Fixação e representação paradoxal, pois, ao mesmo tempo em que supõe rigidez e ordem imutável, supõe também desordem, degeneração, azar. É o caso do estereótipo, estratégia discursiva que, ao mesmo tempo, funciona como modalidade de conhecimento e identificação e que vacila entre aquilo que está em um lugar sempre já conhecido e esperado e algo que deve ser ansiosamente repetido. Assim, a diversidade deve despir-se de suas marcas de identidade. A alteridade é utilizada para melhor definir o próprio território, que proíbe formas híbridas de identidade, desautoriza a troca, nega a usurpação do lugar que corresponde à normalidade.

Na educação, o binarismo oficial levou à homogeneização de uma nação branca que substituiu a população nativa por migrantes europeus, povoando de oposições binárias o sistema educativo, que acaba colocando, de um lado, o desejável e o legítimo e, de outro, o ilegítimo. No sistema educativo, sob a hegemonia da normalidade e da homogeneidade, a divisão do ensino em regular e especial legitimou esse binarismo. A educação especial deriva dele. Sob a legitimidade de um saber científico, os deficientes intelectuais são diagnosticados e suas identidades anormais são reconhecidas e fixadas.

Como consequência, essa forma de tratar a alteridade trouxe para a educação formas expressas ou sub-reptícias de exclusão, todas implicadas na intenção de descartar o componente negativo, o não-idêntico. As formas segregacionistas de educação para pessoas com deficiência intelectual que se constituíram ao longo da história da educação especial também podem ser entendidas nesse bojo.

Mas esse tipo de análise não parece responder mais às formas contemporâneas de se pensar a relação cultural, uma vez que os discursos sobre o direito à diferença e à diversidade vêm cunhando com força seu lugar no pensamento moderno e pós-moderno, com a forte presença das diferentes versões do multiculturalismo, dando visibilidade à pluralidade cultural, colocando em questionamento a hegemonia da normalidade.

E, de fato, as nossas salas de aula parecem confirmar em muitas escolas esse mapa multicultural, que remete ao politicamente correto, na medida em que conta, no mínimo, com negros, deficientes, crianças de rua e outros considerados pelas políticas de identidades como tendo identidades especiais.

Esse cenário aponta para o **segundo** modo de narrar a alteridade – "os outros enquanto sujeitos plenos de uma marca cultural" –, descrito pelas vertentes do multiculturalismo. Duschatzky e Skliar (2001, p. 129) questionam se este não seria um reflexo profundo da crise da modernidade, ou a "resposta politicamente correta à desigualdade, às exclusões, aos genocídios etc.", ou ainda "uma forma elegante que a modernidade desenvolveu para confessar sua brutalidade colonial".

Essas indagações nos levam a perguntar se as políticas de integração para com as identidades especiais não poderiam também ser entendidas como a forma pela qual a escola moderna confessou-se e redimiu-se de suas práticas de exclusão radicais para com seus alunos inventariados como desviantes ou deficientes.

A ideia multicultural surge como confronto a posições homogeneizantes, em busca dos direitos plurais, mas traz como problema a concepção das diferenças como entidades fechadas, essencialmente construídas, que podem estender-se à análise das deficiências. O apelo das políticas integradoras em relação ao "portador de deficiência" não superou a visão que concebe a deficiência como inerente ao indivíduo, tampouco seus níveis de classificação.

O **terceiro** modo de narrar a alteridade aparece como um discurso que reivindica a tolerância: "o outro como alguém a tolerar", face à intolerância estabelecida para com a vida humana e para com a liberdade. Contudo, as formas de tolerância concedidas pela modernidade, como a assimilação individual e o reconhecimento do grupo, sustentaram-se na igualação, e não na diferença, colocando em risco a reconstrução dos laços sociais. Portanto, a tolerância não está isenta de ambiguidades. Ela reaparece no discurso contemporâneo sem deixar de mostrar-se paradoxal em seu convite a admitir a existência da diferença e, ao mesmo tempo, a aceitar os grupos cujas marcas são comportamentos antissociais e opressivos. Ela debilita as diferenças discursivas e mascara as desigualdades, consagra a ruptura de toda contaminação e revalida os guetos, ignorando mecanismos pelos quais foram construídos historicamente. Não põe em questão os modelos sociais de exclusão; no máximo, amplia regras de urbanidade com a recomendação de tolerar o diferente (Duschatzky; Skliar, 2001).

No caso da deficiência intelectual, alguns cenários como este têm sido relatados com frequência. Crianças são colocadas nas salas de aula do ensino regular, sem que se saiba o que fazer com elas; diante do apelo de tolerância, contido nos discursos que pregam o politicamente correto, essas crianças lá permanecem, embora, muitas vezes, o silêncio e a indiferença – até a total invisibilidade – venham retratando a incapacidade da escola, dos professores, dos alunos e da sociedade em geral em lidar com a chamada *educação inclusiva*. Esta pode configurar-se, assim, também como naturalização face ao estranho e extrema comodidade face ao familiar. Daí sua familiaridade com a indiferença.

Este é o cenário de risco para a inclusão na área da deficiência intelectual: incluir sem debater os modelos educacionais vigentes na escola, seus métodos sustentados em teorias psicológicas e desenvolvimentistas para explicar as diferenças intelectuais e as diversidades humanas e seu sistema de avaliação que remete cada vez mais seus resultados às competências e às habilidades individuais.

Desse modo, a análise da inclusão requer que se compreendam os sentidos contraditórios que ela abriga, os quais precisam ser explicitados e confrontados. Enquanto lei, por um lado, retrata um anseio da sociedade em assegurar maior justiça e igualdade social. Instaura-se a partir de um anseio social das populações marginalizadas, porém ganha sentidos diferentes nos discursos distintos em que circula, promovendo práticas também diferenciadas.

Por outro lado, a inclusão vem se apresentando como um discurso totalitário, difundido especialmente nos órgãos oficiais, o qual, ao interpretar a lei, estabelece direções que não necessariamente vão a favor dos apelos sociais. Temos ouvido nesses discursos que tudo deve ser feito em nome da inclusão, mesmo que isso signifique o corte de verbas e até mesmo o ensurdecimento diante dos movimentos comunitários que historicamente assumiram o papel decisivo na educação especial no Brasil. Nesse sentido, o discurso da inclusão pode configurar-se apenas como o disfarce para a desincumbência da responsabilidade pela educação de pessoas com deficiência, ou melhor, de cidadãos com direito legalmente assegurado à educação.

O que podemos concluir, no entanto, é que o desafio pedagógico que a inclusão nos apresenta extrapola as problemáticas cotidianas do ensino regular, exigindo uma tomada de posição política e ética diante da pessoa com deficiência intelectual. Esta, ao invés de se sentir acolhida, pode se sentir abandonada em uma escola regular que não corresponde aos pressupostos de uma escola inclusiva – e, por incrível que pareça, a maioria delas não corresponde. Nesse ponto, qualquer atitude generalizável é um grande risco. O que pode ser produzido em nome da inclusão é o retorno às mais sub-reptícias formas de exclusão.

Em nome do politicamente correto, a inclusão pode transfigurar-se como tolerância e configurar-se como um tipo de sentimento próprio do mundo contemporâneo: a **indiferença**. No entanto, justificar a retirada da criança do ensino regular em função de seu diagnóstico de deficiência é condená-la às velhas práticas de exclusão.

Sem grandes utopias e sem esquecer o cenário contraditório em que o discurso da inclusão é enunciado, o que não podemos perder de vista é que qualquer aluno pode aprender, independentemente de sua condição, de sua classe social ou de sua deficiência. Essa possibilidade, contudo, deve ser pensada de forma diferente, não a partir daquilo que uma deficiência determina como limitação, mas, neste caso em particular, em se tratando de deficiência intelectual, a partir das diferenças de abstração do pensamento. Aprender é um ato singular que requer criatividade, investimento e credibilidade por parte de quem ensina.

A educação torna-se, assim, um bom cenário para nos indagarmos sobre o quanto temos sido tolerantes. Nas nossas escolas, as diferenças estão marcadas, há a assimilação, a fotografia é multicultural, e as crianças com deficiências já compõem esse cenário. No entanto, a operação discursiva para fixar as identidades aos estereótipos repete-se como única ancoragem para ser aquilo que se é – a **ideia do mesmo**, das identidades fixas e imutáveis, diferente de um conceito que possa pensar o sujeito sempre em relação com o "outro", na intersubjetividade.

A lógica da identidade, no caso da deficiência intelectual, é a mesma da estereotipia e funciona para se fixar aquilo que se é, a ideia do mesmo, das identidades normais. Desse modo, as relações estruturam-se e são estruturadas por analogias com o sistema, compondo os estereótipos, incompatíveis com movimentos de criação e com modos de subjetivação singularizados.

A homogeneidade produtora de identidades sociais acaba por criar um verdadeiro bloqueio às transformações.

Eis aqui nosso desafio: enfrentar as políticas de identidade em suas parcerias com as estereotipias que retratam a lógica dominante na modernidade, a lógica do "dever ser", que institui identidades normais e deficientes. É também a lógica que sustenta a própria identidade da educação especial, constituída para atender aos "portadores de identidades especiais", que justifica sua existência a partir da fixação dessas identidades.

Portanto, face ao paradoxo que as políticas de identidades especiais nos colocam, aquilo que se tem chamado de "politicamente correto", está o desafio que não pode ser perdido de vista: permitir que se atravessem, em nossas práticas, linhas de alteridade, garantindo a essas pessoas um lugar e um devir que rompam com os vetores de temporalidade e de estabilidade, possibilitando outras formas de existência.

A conquista da alteridade resume-se, assim, a não sermos indiferentes ou tolerantes às diferenças, mas em sermos capazes de estabelecer a distinção entre o que favorece e o que não favorece a processualidade da vida, ou seja, em pensarmos em produzir outros territórios existenciais, em que a diferença seja acolhida e possa ganhar visibilidade.

educação inclusiva ou
educação para todos:
estamos preparados?

EDUCAÇÃO INCLUSIVA OU EDUCAÇÃO PARA TODOS: ESTAMOS PREPARADOS?

AO PENSARMOS A INCLUSÃO a partir das reflexões que fizemos sobre identidade, alteridade e exclusão social no capítulo anterior, constatamos que a exclusão começa muito cedo, antes mesmo de o bebê nascer. Suas raízes estão na pobreza, na moradia imprópria, nas doenças crônicas, no longo período de desemprego. Diante dessas condições, são negados às crianças que vivem nesse contexto recursos e oportunidades que estão disponíveis às outras crianças, muitas das quais enfrentam outros obstáculos decorrentes de gênero, raça, religião ou de sua deficiência. Mesmo crescendo em famílias com fortes laços afetivos, preocupadas em prover-lhes uma vida melhor, muitos começam e terminam sua infância em estado de exclusão social e de baixo rendimento educacional, dando continuidade às condições que viveram desde cedo, ao experimentarem o desemprego, a pobreza e a doença ao longo da vida.

Por conta disso, a inclusão requer discussões que não podem ocorrer no vazio social e, no âmbito escolar, a formação dos professores não pode ocorrer sem referência aos contextos sociais em que irão ensinar, muito menos sem a preparação para as parcerias que a educação inclusiva exige, seja com os pais, seja com os serviços especializados na comunidade (serviços de saúde, serviços sociais). Essa talvez seja a mais importante barreira a ser quebrada, de modo a favorecer o compartilhamento de informações e a superação das lacunas entre os diferentes serviços e as famílias, muitas vezes responsáveis pela disseminação de informações equivocadas e estereótipos de todas as naturezas.

Segundo Mittler (2003, p. 59), a forma de pensarmos a inclusão nos primeiros anos de vida apresenta um foco estreito, que se limita à referência às necessidades educacionais especiais desse período como associada unicamente ao tratamento das necessidades de crianças com deficiência. Tais necessidades, pela análise do autor, devem ser examinadas de um ponto de vista mais abrangente, no contexto das questões políticas e financeiras relativas aos serviços dedicados a todas as crianças.

É nesse sentido que o autor sugere que as parcerias no cuidado com a criança e com o desenvolvimento na primeira infância devem considerar aspectos relacionados aos apoios necessários, ao acesso à informação, à capacitação dos profissionais envolvidos e à orientação aos pais (Mittler, 2003, p. 64).

Os programas que atendem aos primeiros anos da infância – maternal, creche ou serviços especializados de saúde e de assistência social – são orientados a modificar-se face à inclusão. Podem ser indicados aspectos relevantes para a avaliação dessas mudanças, como a modificação nos métodos dos programas, a fim de se responder à presença da diversidade e preparar para uma educação inclusiva. O planejamento compartilhado entre os diferentes centros de serviços especializados e os serviços de educação também deve ser considerado como indicativo de mudanças, bem como a participação dos pais e a capacitação permanente dos profissionais envolvidos, visando à redefinição de seus papéis e de suas expectativas, tendo em vista a inclusão no sistema regular de ensino "sempre que possível". A escola especial também deve apresentar indicativos de mudança, redefinindo e ampliando seu papel para desenvolver uma rede de especialistas de apoio. Devem fazer parte, ainda, desses indicativos a implementação de políticas com ênfase em prevenção, a identificação precoce das crianças em situação de risco, a articulação dos serviços necessários para o atendimento das pessoas com necessidades especiais e melhores oportunidades para o desenvolvimento das equipes multiprofissionais.

O compromisso em oferecer resposta à "diversidade das necessidades de aprendizagem dos alunos" e em superar as possíveis barreiras "à aprendizagem e à avaliação tanto do aluno quanto das turmas" é o desafio a ser enfrentado (Mittler, 2003). Por um lado, a educação especial traz uma contribuição para a sala de aula por meio dos **planos de educação individualizados**. Por outro, a escola é levada a repensar seus valores, estabelecendo valores inclusivos e, assim, reestruturando sua organização, seu currículo, seu planejamento e sua avaliação, de modo a superar suas próprias barreiras para aprender com as diferenças e a aprender a responder às necessidades dos alunos. Com essa reavaliação de valores e práticas, a criança poderá frequentar preferencialmente a sala de aula regular, com apoio adequado às suas necessidades, e o professor deverá ter oportunidade para o desenvolvimento profissional, recebendo apoio apropriado.

Dessa forma, segundo a orientação das políticas da educação inclusiva, somos levados a pensar que a "educação para todos", preferencialmente na rede regular de ensino, requer mudanças que extrapolam o nível técnico para instaurar seu eco nas práticas instituídas no cotidiano, que funcionam como verdadeiros alicerces da cultura escolar ou das formas simbólicas de relação. O fundamento da prática inclusiva representa uma expressão de boa prática para todos os alunos. Ela requer diferenciação do trabalho de sala de aula dentro do programa curricular comum, ajudando, contudo, a escola a responder às necessidades de todos os alunos. Assim, o projeto político-pedagógico da escola a posiciona em relação ao seu compromisso com a educação de qualidade para todos os alunos, definindo em seu currículo opções por práticas heterogêneas e inclusivas.

Isso implica uma reflexão sobre a organização curricular que abrange até mesmo o tipo de agrupamento, o número de alunos de uma sala de aula que tem alunos com necessidades educacionais especiais, em particular com deficiência intelectual, e o número máximo de alunos com problemas semelhantes por turma. Quanto aos objetivos educacionais, orienta-se que sejam traçados de forma que se tornem viáveis e significativos, visando permitir a esses alunos desfrutar um ambiente inclusivo de convivência com seus pares.

No que se refere às metodologias e à organização didática das aulas, podem contemplar trabalhos em grupo que despertem valores de cooperação e respeito e que possibilitem diversificadas formas de expressão, e não apenas a expressão oral e escrita.

Quanto aos conteúdos, variadas oportunidades podem ser ofertadas para que a criança com diferenças em seus níveis de abstração de pensamento possa aprender. As mudanças que se fizerem necessárias devem ser decididas com a participação da equipe da escola e da equipe de apoio multiprofissional que acompanha a criança, sendo organizadas sem prejuízo ao aluno. Devem partir de uma criteriosa avaliação do aluno e da análise do seu contexto familiar e escolar, identificando elementos adaptativos necessários para o seu desenvolvimento. Isso pode implicar a modificação de conteúdos, quando há discrepância entre as necessidades do aluno e as exigências curriculares. Trata-se de uma tarefa que não cabe exclusivamente ao professor.

Assim, a seleção de métodos pedagógicos apropriados deve combinar-se com as estratégias individuais de aprendizagem de uma criança, em um contexto de trabalho de grupo. Desse modo, as diferenças individuais podem prover a participação e o progresso de todas as crianças em relação ao currículo.

Os princípios de uma **aprendizagem colaborativa** devem reger a ética das relações entre crianças, professores da educação regular e da educação especial e equipe pedagógica da escola, bem como entre os serviços de apoio especializado. Esse apoio pode estar dentro da escola, como aquele prestado pelo professor especializado, atuando como educador "itinerante", ou dentro da sala de recursos, onde o aluno pode receber apoio individualizado em período diferente daquele em que acontecem suas aulas regulares. A escola pode estabelecer parcerias com outros serviços da comunidade que participam do atendimento aos alunos, como serviços de saúde, escolas especializadas, centros de atendimento especializados, entre outros. O trabalho em colaboração entre esses serviços e a escola pode servir como indicativo de qualidade ao processo de educação inclusiva.

[1] AVALIAÇÃO E INCLUSÃO

Chegamos, enfim, ao maior obstáculo à inclusão na área da deficiência intelectual: a avaliação. Ela deve seguir a mesma lógica flexível do plano educacional individual, permitindo diversificadas formas de expressão e fornecendo indicativos dos processos que devem ser retomados no plano pedagógico do aluno.

Se os objetivos e os conteúdos curriculares foram traçados para o aluno de forma diferenciada, respeitando suas possibilidades e o tempo necessário para sua aprendizagem, que pode diferenciar-se significativamente da de outras crianças, e se o professor pluralizou suas metodologias como meio de beneficiar a todos os alunos, supõe-se então que a avaliação se torna uma ferramenta fundamental na promoção dos ajustes necessários para garantir o desenvolvimento educacional do aluno.

Desse modo, não é o aluno quem deve adaptar-se à escola, mas, sim, é esta que, presume-se, deve tornar-se um espaço inclusivo, a fim de cumprir seu papel social, pedagógico e político na busca pela educação na diversidade.

A educação inclusiva orientada pedagogicamente nesse sentido parece desafiar as formas de exclusão e de discriminação, independentemente de ter se originado como resposta da sociedade à deficiência, ao gênero ou à raça, à pobreza ou à desvantagem social. É isso que a diferencia da educação das necessidades especiais tal como eram trabalhadas no final do último milênio.

No entanto, propor a educação inclusiva sem considerar a realidade de nossas escolas é, no mínimo, uma generalização que não condiz com a ética de respeito às diferenças – uma premissa básica da inclusão.

Neste ponto, algumas reflexões sobre o tema *inclusão no ensino fundamental* são necessárias. As que trazemos aqui foram motivadas por uma pesquisa▼ desenvolvida em escolas públicas de ensino do Estado do Paraná, em

▼ Pesquisa realizada como parte do Projeto Licenciar/1999, mantido pela Universidade Federal do Paraná, e coordenada pela autora. Os resultados completos dessa pesquisa podem ser consultados em Kafrouni e Pan, 2001.

Curitiba, e que nos possibilitou alguns questionamentos sobre o processo de inclusão.

Esse estudo foi realizado com o objetivo de compreender as principais necessidades dos profissionais da educação básica em relação à inclusão de alunos com necessidades especiais na rede regular de ensino, conforme previsto na nova LDBEN. Os resultados da pesquisa indicaram que as escolas não têm um projeto específico de inclusão, o que é agravado com os indicativos de rigidez curricular, metodológica e avaliativa, bem como falta de esclarecimento sobre as necessidades educativas especiais. Constatou-se também, na totalidade das escolas pesquisadas, a falta de instrumental demonstrada pelos professores da rede regular de ensino para o atendimento de alunos com necessidades educacionais especiais, agravada com a representação de aluno que os professores deixam transparecer nos seus discursos, a qual tende à homogeneização, que, em última instância, acaba por reafirmar e produzir subjetivamente a experiência da anormalidade. Verificou-se também que é creditada ao aluno a responsabilidade por seu aprendizado nas classes regulares de ensino. O estudo demonstra em sua conclusão a necessidade de haver o preparo das escolas e dos profissionais da educação para essa nova realidade, pois

> *A pesquisa constatou que as escolas sentem-se despreparadas. Foram ouvidos depoimentos em que professores e outros profissionais manifestavam-se contrariamente à inclusão, visto não terem apoio governamental nem um estudo prévio para a implantação da proposta; outras*

vezes, as entrevistas demonstraram que a inclusão atualmente parte mais da iniciativa própria de alguns professores do que de um projeto coletivo e integrado. (Kafrouni; Pan, 2001)

Esses resultados explicitam alguns pontos pertinentes para avaliarmos o processo de inclusão na escola. São eles: o conhecimento interdisciplinar necessário ao processo de inclusão; a flexibilização de métodos, currículos e processos avaliativos; as expectativas geradas pelas representações que circulam no interior da escola em relação aos alunos com necessidades diferenciadas de aprendizagem; a possível modificação da forma racional e hegemônica de compreensão da infância; as concepções de ensino-aprendizagem centradas em conteúdos acadêmicos; a possível incorporação de processos relacionados a valores e atitudes. Esses pontos parecem nos alinhar algumas direções que se constituem em desafios pedagógicos permanentes para assegurar condições mínimas de acolhimento a crianças com necessidades educativas especiais em espaços escolares que se pretendem inclusivos.

Se retornarmos à legislação, podemos constatar a previsão para os aspectos identificados na pesquisa. A nova LDBEN prevê "currículos, métodos e técnicas, recursos educativos e organização específicos" para o atendimento adequado de necessidades educacionais especiais (art. 59, I) e "professores de ensino regular capacitados para a integração desses educandos nas classes comuns" (art. 59, III).

Temos defendido, contudo, que a escola reflete os valores e as atitudes de nossa sociedade como um todo.

É preciso entender a inclusão como um movimento da própria sociedade, como apelo identitário que revela a tentativa de individuação de pessoas e grupos que foram excluídos da esfera política, que tiveram sua "diferença" circunscrita à esfera privada (Pan, 2001).

Assim, o desafio pedagógico em relação ao processo de inclusão modifica-se e requer revisões, apontando a necessidade de instauração de formas democráticas de participação, a fim de que o sentido da inclusão direcione novas práticas discursivas e sociais. Requer, portanto, o sentido de luta pela participação, de organização social e política. A partir dessa perspectiva, podemos afirmar que o significado da inclusão é múltiplo e contraditório, origina-se desse apelo plural das múltiplas vozes desejantes de participação; no entanto, confronta-se com uma sociedade massificada, na qual os homens se encontram cada vez mais restritos ao entorno de si próprios. A falta de tempo, a luta diária pela sobrevivência nos moldes que nossa sociedade exige, o cansaço, a fugacidade dos encontros colocam em confronto os valores e as atitudes que a inclusão procura despertar.

> *O processo de inclusão, entretanto, não é facilmente alcançado apenas pela instauração de uma lei. Tampouco pode ser concluído rapidamente. Exige a adoção de uma série de medidas gradativas de reformulação do ensino que começa pelos já citados currículos, métodos e capacitação dos professores e vai além. O atendimento de pessoas com necessidades educacionais especiais na rede regular de ensino exige dos seus profissionais*

conhecimentos produzidos em diferentes áreas (psicologia, medicina, pedagogia, arquitetura etc.) para gerar um saber interdisciplinar. (Kafrouni; Pan, 2001)

Esse processo exige, principalmente, a consciência da necessidade de luta por uma sociedade mais sensível, que deseje conviver com a diferença e com ela aprender.

Mudar o paradigma significa, então, pensar: queremos uma **educação para todos**, não uma educação especial para alguns; queremos um **mundo especial** para cada um de nós, em que nosso olhar esteja atravessado pela dignidade e pelo respeito aos outros e às suas diferenças.

[2] EDUCAÇÃO E DIFERENÇA: O DESAFIO DE PENSARMOS EM FORMAS SINGULARES DE EXISTÊNCIA▾

Podemos começar esta última parte de nossas discussões perguntando: será que estamos preparados para implodir com o *continuum* da identidade dos ditos *deficientes mentais*? Um bom desafio para começarmos a responder a essa questão seria pensar se podemos encontrar outra forma de nomeá-los! Para nos certificarmos disso, podemos nos perguntar também se, diante de uma criança com

▾ Parte das seções 2 e 3 é baseada nos estudos realizados em: PAN, M. A. G. de S. **Infância e discurso**: contribuições para a avaliação da linguagem. Curitiba, 1995. 181 f. Dissertação (Mestrado em Letras) – Setor de Ciências Humanas, Letras e Artes, Universidade Federal do Paraná, Curitiba, 1995.

diagnóstico clínico de deficiência intelectual, sentimo-nos preparados para conduzir os encaminhamentos necessários, os métodos, o planejamento e a avaliação adequados.

Ao aceitarmos o desafio de estar sob o efeito do novo, precisamos aprender com a diferença, para nos lançarmos na aventura inédita de nos descobrirmos na relação, fora das semióticas dominantes que classificam nossos alunos, que os rotulam e os excluem. Preparamo-nos, então, para produzir novos territórios existenciais, para pensar de outro modo as diferenças, para pensar outros modos de fazer, de viver.

A luta pela polissemia da expressão é essencial para fugirmos da lógica dominante, para nos recusarmos a veicular as semióticas dominantes, para fazermos laços com forças que se abrem para o inesperado e para possibilitarmos, assim, modos singulares de subjetividade.

Na tentativa de aceitar esse desafio e de produzir um desvio em relação às práticas dominantes de avaliação, classificação e encaminhamento de alunos – que os rotulam e os excluem, mesmo que de forma velada –, apresentamos a seguir o registro de três experiências que tivemos com crianças com diagnóstico clínico de deficiência intelectual – todas com histórico de sofrimento escolar e queixa de dificuldade na escrita – encaminhadas para classes especiais e para atendimento psicológico.

O primeiro caso (o de Juli) resulta de nossa experiência clínica direta com a criança envolvida. Essa criança encontrava-se entre aquelas atendidas no contexto de um projeto que envolvia uma equipe multidisciplinar, constituída por pesquisadores de uma universidade e de um hospital, com o objetivo de prestar orientação escolar e familiar aos casos considerados problema de alfabetização por escolas públicas de Curitiba. Os dois outros casos (Elane e Rosa) resultam de um trabalho de supervisão de estágio profissional que realizamos no curso de Psicologia da UFPR e que integrava a pesquisa intitulada *Psicologia escolar e intervenção psicopedagógica*, desenvolvida no Centro de Psicologia Aplicada entre 1998 e 2002.[▼]

Nosso propósito com o relato desses casos é questionar as práticas de diagnóstico e de letramento[▼▼] escolar, desvendando as concepções de infância, de linguagem e de normalidade nelas presentes, diretamente implicadas nos critérios de encaminhamento de crianças para programas especiais de ensino, sejam os programas mais tradicionais, como classes especiais, sejam os programas considerados mais inclusivos, como as salas de recursos. Assim, nosso desafio resume-se à seguinte questão: como tornar possível a existência do "outro", diferente de nós, dando-lhe visibilidade, independente do espaço, do programa ou do nome politicamente mais correto que lhe são atribuídos?

▼ No primeiro caso relatado, a autora desta obra figura na posição de investigadora/pesquisadora; nos outros dois, na função de supervisora das estagiárias (que trabalharam com as crianças mencionadas) e coordenadora da pesquisa.

▼▼ O termo *letramento* refere-se à concepção da escrita como prática social, diretamente relacionada às instituições a que está configurada: família, escola, igreja, entre outras. Diferencia-se da concepção da escrita como código e de seu papel puramente instrumental. Para aprofundar o estudo sobre o tema *letramento*, consultar Pan, 2006.

Foi tomada como pressuposto a concepção de linguagem de Bakhtin (1990), a qual aponta para a necessidade de compreendê-la em sua relação com a vida, pois, segundo o autor, a linguagem é a marca ou o registro do homem no mundo. A compreensão dos fenômenos naturais por parte do homem passa, obrigatoriamente, por uma realidade semiótica, único caminho possível para se proceder à leitura da vida, o que pressupõe como base o caráter social e dialógico da linguagem, compatível com uma abordagem histórica e viva da língua. Em tal perspectiva, aprecia-se a natureza do diálogo, privilegia-se o enunciado, o qual não é determinado por um sistema puramente linguístico, mas pela interação que a língua estabelece com o que convencionamos chamar de *realidade*, com o sujeito e com outros enunciados.

Esses apontamentos teóricos levam a questionar os procedimentos clássicos de investigação da linguagem na infância, normalmente conduzidos por testes ou interrogatórios que pressupõem uma relação direta linguagem-mundo – a visão representacional da linguagem –, na qual ela – a linguagem – é um canal de mera comunicação entre mundo interno e realidade externa. Levam também a propor outras formas de investigação/intervenção, possibilitando a adoção de novas direções para o trabalho clínico e pedagógico de crianças que se encontram em sofrimento escolar, decorrente de baixo rendimento.

Desse modo, o referencial teórico que norteou a análise impôs uma metodologia que afastou qualquer procedimento clássico de avaliação e acompanhamento, como testes, inquéritos ou formulários, nos quais a artificialidade da interação distancia o avaliador das formas enunciativas. Foi excluída, portanto, a possibilidade de análise isolada e comparativa das produções verbais na forma apenas de um recorte transversal do desenvolvimento, em favor de uma metodologia que pudesse contemplar, em um período de tempo e diante de situações espontâneas ou dirigidas, as mais diversas formas enunciativas.

Ao eleger a linguagem como norteadora da análise, evidenciamos seu papel constitutivo na atividade humana. Com a linguagem, constrói-se a leitura da vida e da própria realidade. Não se pode, assim, eliminar nas ciências humanas esse lugar constitutivo da linguagem. A unidade dialógica da linguagem é o recorte que desvenda o emaranhado complexo do sujeito na língua, no grupo social e na sua história, depurando as origens de sua consciência, de sua visão de mundo.

A análise proposta aqui muda o foco em relação aos diagnósticos clássicos por deixar de ser um referencial de enquadramento e, ainda, por deixar de adotar procedimentos metalinguísticos isolados e distanciados do sujeito e da linguagem que esse sujeito constrói. Deixa, então, de ser dirigida apenas ao produto da linguagem, fora das condições em que é produzida, para passar a ser compreendida no espaço de construção conjunta, da constituição do significado, na interação com o "outro" e com a situação concreta em que os enunciados são produzidos. É, portanto, numa linguagem de sujeitos de fala, que no diálogo instauram novas formas de agir e compreender a própria linguagem, o mundo e a si mesmos, que se percorreu um caminho de compreensão dos obstáculos enfrentados pelas crianças estudadas.

A análise empreendida coloca o produto *versus* o processo de desenvolvimento e exige uma mudança no tipo de intervenção por parte do pesquisador.

As formas de investigação do desenvolvimento infantil são normalmente realizadas a partir da observação, existindo desde as formas não controladas, que são os casos dos estudos naturalísticos produzidos em situações espontâneas, sem determinação de critérios, até as formas de controle máximo, como são os testes e os estudos experimentais. Os tipos de estudo podem ser de secção transversal ou de acompanhamento longitudinal.

Tradicionalmente, o diagnóstico recai apenas no âmbito do sujeito, sendo que a busca de uma "deficiência apriorística" compõe uma prática clínica comumente espelhada na medicina, com teoria e método que caracterizam os clássicos diagnósticos etiológicos, clínicos ou classificatórios. Nessas práticas, é comum que os sintomas sejam investigados em termos de enquadramento aos padrões de desenvolvimento "esperados".

Essa metodologia de pesquisa do desenvolvimento, inclusive da linguagem, toma o objeto de estudo isolada e parcialmente, como ocorre nos casos de uso das escalas de desenvolvimento e dos testes formais. Quanto à linguagem, há uma valorização de seus aspectos formais, em especial os fonéticos/fonológicos e morfossintáticos, em detrimento dos seus aspectos discursivos. Tarefas como repetição de listas de palavras para formação de sentenças, inquéritos pré-organizados, nomeação de letras, prevalecem nos exames de linguagem. A priorização de atividades metalinguísticas não só analisa parcialmente a linguagem, de forma artificial e fora, portanto, de seu contexto de produção, como também isenta o "outro", no caso o avaliador, da participação nessas intervenções.

Essa análise é consequência de uma concepção de linguagem que a interpreta enquanto código, sem valorizar sua força constitutiva ou seu caráter dialógico. Essa condição destitui o enunciado de seu caráter de objeto de estudo, abstém o "outro" da interação e artificializa situações para coletar amostras do produto da linguagem e compará-las a tabelas médias de desenvolvimento. Esse procedimento é geralmente adotado nos testes formais ou nos roteiros de avaliação que analisam o desenvolvimento comparativamente, a partir da descrição de seu produto.

Tal concepção é naturalmente transposta às práticas clínica e educacional que, baseadas nos mesmos pressupostos de linguagem, elegem como fundamentais os seus aspectos formais, criam situações artificializadas para o trabalho de "reeducação" e tomam como ponto de partida a "patologia". Nessas condições, a interação se caracteriza por um sujeito que se revela (ou se esconde) em sua patologia e por um "outro" que se revela (ou se esconde) em sua neutralidade.

Essa prática não elege com prioridade o sujeito e a interação e não contempla a linguagem como atividade intersubjetiva. Quando a linguagem é assim concebida, os limites das categorias verbais e sua evolução são ultrapassados, e a análise linear e comparativa de seu produto é substituída pela compreensão de sua evolução enquanto processo, o qual não pode ser estudado isoladamente ou de forma abstrata. A linguagem precisa ser compreendida na totalidade da evolução da criança em seu mundo social e na relação com a realidade concreta em que ela está inserida.

Além de entrevistas e análise de material escolar, os procedimentos adotados foram eleitos pela própria situação, conduzida pela investigadora com base no referencial teórico utilizado, a fim de depreender das situações a produção articulatória, a seleção lexical, a organização sintática, a expressão das relações semânticas e o uso das expressões linguísticas nas situações dialógicas. Foram também depreendidos do meio em que as crianças viviam e no qual interagiam com a escrita todos os conhecimentos que elas tinham sobre a linguagem escrita e todos os usos que faziam dela.

Por último, é importante ressaltar que a investigadora se colocou na posição do "outro" do diálogo. Representou, portanto, não a neutralidade científica, mas a posição de alteridade. Não ficou destituída de desejos ou de afeto em favor da racionalidade científica, sendo, enquanto sujeito, o ponto de ancoragem para a investigação da linguagem em sua efetiva realização. Procurou, pois, estabelecer uma relação dialógica de modo a viver o papel de interlocutora.

Porém, seu papel não se limitou a isso. Ela interveio na situação a partir de uma reflexão sobre a natureza das produções verbais – orais e escritas – problemáticas, bem como sobre os modos de estruturação das expressões e de suas regras de uso.

[3] A ORALIDADE E A QUESTÃO DISCURSIVA DA COERÊNCIA: RESSIGNIFICANDO MITOS NA RELAÇÃO CRIANÇA-LINGUAGEM-MUNDO

A relação entre linguagem oral e escrita costuma ser estabelecida em forma de causalidade linear, ou seja, espera-se que a criança domine a linguagem oral até uma determinada idade para que possa estabelecer a relação entre sons e letras, fonemas e grafemas, dominando, assim, o funcionamento da escrita como "código". A dimensão formal da linguagem – fonética-fonológica e morfossintática – é valorizada em detrimento da sua função discursiva. No estudo desenvolvido sobre o caso de Juli, tomou-se a dimensão discursiva da linguagem e elegeu-se a coerência na construção da narrativa como elemento de análise na relação da criança com seu mundo social.

[3.1] CONHECENDO JULI

O primeiro caso de que vamos tratar é o de Juli▾, uma criança de oito anos de idade na época em que foi realizado o estudo aqui relatado e que estudava em uma escola pública da rede estadual de ensino do Paraná. Apresentava atrasos significativos no desenvolvimento escolar e frequentava uma classe especial na área da deficiência intelectual, após ter sido detectada sua

▾ Para nos referirmos às crianças mencionadas nos três casos relatados, empregamos aqui nomes fictícios, a fim de preservarmos sua identidade.

dificuldade em se alfabetizar. Em sua avaliação sobre a criança, o serviço hospitalar de neuropediatria constatou: privação nutricional e emocional até os 2 anos de vida com sequelas cognitivas e emocionais. Observou também que Juli apresentava grande capacidade para desenhar. A conduta indicada pelo serviço hospitalar foi avaliação completa, atendimento psicopedagógico e encaminhamento à sala especial no semestre seguinte.

Juli já havia sido avaliada pela equipe do projeto em que seu caso estava inserido, e a escola tinha recebido orientação sobre como trabalhar sua alfabetização, de acordo com a perspectiva da Secretaria Estadual de Educação (Seed) (Paraná, 1991). Essa proposta estabelecia a necessidade de se ultrapassarem os métodos tradicionais utilizados na alfabetização, contemplando uma abordagem diferenciada do desenvolvimento e da linguagem, em que os caminhos metodológicos são construídos a partir da realidade concreta, social e histórica em que o indivíduo está inserido, na qual estão presentes os objetos novos que ele tem por conhecer. Essa perspectiva propõe que o início do processo de alfabetização se dê pela via textual, em que os primeiros textos trabalhados tenham significado em sua realidade social, como logotipos, marcas, nomes de pessoas, entre outros. Esse trabalho deve ser acompanhado de uma intensa motivação das crianças voltada à literatura.

Na tarefa de acompanhamento do caso de Juli, era necessário fazer uma reavaliação do progresso da criança a partir das orientações dadas pela equipe multidisciplinar aos profissionais da escola.

O primeiro encontro com Juli deu-se na escola. A pesquisadora foi observá-la nesse contexto, seguindo os procedimentos previstos no projeto do hospital. Após essa primeira observação, entrevistou a mãe e a professora de Juli e com elas ficou estabelecido um período de dois meses, totalizando dez encontros, para o procedimento inicial de avaliação/intervenção, a fim de se proceder ao levantamento das hipóteses iniciais, mais um período de três meses de intervenção e reavaliação das hipóteses levantadas inicialmente.

A mãe trabalhava em um restaurante e em uma casa de família, onde morava com os dois filhos. Em entrevista, fez o seguinte relato: "a menina vai mal em tudo na escola. Só desenha e agora está começando fazer algumas letras. Fala muito que, quando estiver em sua casa, vai limpar seu quarto". A propósito, acrescentou que gostava de ouvir a filha fazer planos.

O diálogo apresentado na sequência nos mostra um contato espontâneo entre ela e a pesquisadora, em que Juli [J] foi levada pela interlocutora/pesquisadora [P] a construir um relato sobre o local de sua residência.

P *Onde você mora?*
J *Eu não sei.*
P *É perto de algum lugar que você se lembra?*
J *Parque São Lourenço.*
P *É perto do Parque São Lourenço?*
J *Não, eu fui lá.*
P *O que tem perto de sua casa?*
J *Uma construção.*

P *Algo mais? O ônibus vai lá?*

J *Não.*

P *Qual o nome de sua rua ?*

J *Deixa pensar... é Curitiba. No Curitiba eu moro. O ônibus que pega é... Estribo Ahú. Olha o desenho.*

Questionada sobre a localização do espaço em que vivia, Juli afirmou não saber, informando com segurança a proximidade de sua casa com uma construção. Sua residência ficava, de fato, ao lado de uma construção e próxima ao Parque São Lourenço. A coerência do discurso de Juli ia sendo construída à medida que o interlocutor ia fazendo inferências a partir de perguntas e interpretações possíveis das respostas obtidas.

Uma possível avaliação dos aspectos formais da linguagem da menina não apontaria problemas de ordem linguística nesse diálogo. Adotando-se uma visão representacional da linguagem, suas respostas seriam facilmente relacionadas à falta de domínio de conceitos, pois por essa perspectiva a linguagem serve apenas como expressão do pensamento e é fruto do desenvolvimento conceitual, consequência do desenvolvimento cognitivo. Provavelmente uma avaliação desse tipo seria sucedida por um teste que visasse investigar o domínio dos conceitos de espaço. Uma relação direta com a deficiência intelectual poderia explicar rapidamente todos esses problemas.

Porém, seguindo um outro raciocínio, a análise desse diálogo não aponta alterações na produção articulatória, na seleção lexical, na organização sintática ou na expressão das relações semânticas, mas, sim, uma instabilidade no uso dos dêiticos[▾], o que sugere problemas na dimensão discursiva da linguagem. Essa dimensão, pouco contemplada nas avaliações de linguagem, elucida o ponto de enlace entre linguagem e consciência, de forma a possibilitar a compreensão dos elementos linguísticos e discursivos que podem mediar simbolicamente a relação da criança com o "outro" e com o mundo.

A apresentação do breve relato feito ao final do diálogo foi realizada a partir da inferência da pesquisadora, o que indica que a organização do espaço, para Juli, só era possível na interação com o "outro". Isso confirma vários pressupostos teóricos sobre a coerência textual, a qual não pode ser entendida como algo pronto, acabado e universal, fruto do desenvolvimento cognitivo. O que pode parecer incoerente, a princípio, depende do interlocutor e de sua habilidade para interpretar e investir em uma tentativa de que um relato coerente se constitua (Mondada; Dubois, 1995).

O próximo diálogo retrata uma tentativa de Juli de construir uma narrativa sobre um filme a que havia assistido na TV "sobre um homem que morreu, mas não morreu".

J *Tinha uma banca de anjos.*

P *No céu?*

▾

Os dêiticos podem ser definidos como um sistema em que se incluem pronomes pessoais, pronomes demonstrativos e advérbios, os quais compõem o processo pelo qual palavras e expressões remetem ao contexto.

J *Tinha uma banca [...]. Tinha escrito banco Banestado. Eles vendia cachorros. Daí acharam Jesus.*

P *É história ou o filme?*

J *Estou inventando. Daí acharam árvores.*

P *Hummm.*

J *Daí Jesus disse para não arrancá folhas.*

P *Hummm.*

J *Daí uma gente não educada arrancou flores.*

P *Hummm.*

J *Daí tentou subir e caiu de volta.*

P *Quem?*

J *Os meninos. Daí veio os pássaros e disse: "Jesus! Eu sou muito grande! Você poderia [...] árvore, flor, milho, maçã [...]."*

P *Quem falava?*

J *Jesus. Era pecado. Daí Jesus deixou todos bonitos. Eles eram pobres e tinham roupas rasgadas. E Jesus jogou dinheiro. Jesus pegou o teto e ergueu e disse: "Gente, vocês têm que arrumar mais a cidade". Aí eles limparam, fazeram coxinha. Tava tudo lindo. Os passarinhos chocam quatro ovos.*

Nesse relato, não é possível identificar um só episódio do filme que Juli havia se proposto a relatar, porém o tema parece tê-la remetido a uma história com conteúdo referente a religião e ecologia. Ela morara ao lado de uma igreja e no fundo de sua casa havia um grande bosque. O tema levou-a também a um conteúdo relativo a um debate sobre valores e deveres. Ela desviou o tópico quando questionada sobre a fonte de apropriação de seu discurso. O diálogo teve continuação, que reproduzimos a seguir.

P *Você gosta de pássaros?*
J *Sim.*
P *Você tem em sua casa?*
J *Daí Jesus colocou a luz no parquinho e mandou limparem o parque. Daí o céu ficou azul. A casa estava limpa.*
P *Você limpa sua casa?*
J *Não.*
P *Quem limpa sua casa?*
J *Minha mãe.*
P *E o filme?*
J *Não sei contar.*
P *Que dia é hoje?*
J *Não sei, acho que é 6 ou [...].*

A história que Juli relatou aponta mais uma vez para a questão da coerência, pois não fica clara a relação entre Jesus, meninos e pássaros. Ela parecia ter se apropriado de enunciados isolados, que lhe faziam algum sentido, embora a pesquisadora ainda não soubesse qual.

O texto desse diálogo nos leva a investigar a compreensão da relação de Juli com a linguagem no processo de constituição de sua autonomia enquanto narradora. Ela demonstrou dominar o tempo verbal apropriado a uma narrativa (pretérito perfeito), e os operadores de narrativa (*e*, *daí*) surgem como forma de encadeamento dos enunciados, o que sugere uma característica narrativa própria de seu texto. Ela se apropriou da macroestrutura narrativa, o que nos leva a pensar que já havia superado a esse tempo, nos termos de Perroni (1992), o discurso do aqui/agora. No entanto, se o discurso narrativo se caracteriza pela reconstrução do passado no presente, perguntamo-nos até que ponto isso é possível de se observar nesses dados e em inúmeros outros que se construíram nessas sessões com a pesquisadora. Para que a narrativa de Juli se tornasse coerente, a pesquisadora precisava intervir constantemente com perguntas como "quem?", na busca de elucidação das vozes dos personagens do evento narrado, ou com perguntas que localizassem o espaço em que havia acontecido o narrado. A criança, porém, parecia ignorar a presença desse interlocutor, dando sequência ao discurso. As perguntas tinham a função de introduzir uma orientação para suas narrativas, uma lógica que não parecia decifrável no plano formal da linguagem, mas que, no plano do significado, denotava um debate entre o certo e o errado, o dever e a ordem, que devia ser buscado na compreensão da realidade em que Juli estava inserida. No entanto, ela não parecia desejar compartilhar dos significados de sua linguagem privada, resistindo, negando-se às tentativas de intervenção.

A partir desses dados, podemos afirmar que Juli reconhecia os turnos conversacionais e neles atuava, assumindo seu papel no diálogo. Ela procurava a confirmação da presença do interlocutor e, apesar de gesticular para que não a interrompesse, buscava confirmar sua participação no diálogo, o que mostra seu domínio de esquemas básicos de interação, considerados os primeiros passos para a construção de enunciados.

Porém, para produzir sua narrativa, tinha necessidade de intervenção do adulto na busca da plausibilidade dos fatos narrados. Ela não revelava compromisso com o enredo da história, com a memória, mas, sim, com a criação livre de realidades fictícias, não plausíveis, com distanciamento semântico de eventos e criação livre de desfecho. Juli operava ludicamente com a linguagem. Seu discurso, desse modo, poderia parecer incoerente para o adulto.

Sua forma de se relacionar com a linguagem quebrava a expectativa do pesquisador. Este, narrador constituído, detentor do gênero discursivo em questão – a narrativa –, capaz de discernir e operar linguisticamente com suas diversidades, distanciou-se inicialmente da possibilidade de compreender a forma lúdica com que Juli enunciava.

O texto que apresentamos a seguir traz um diálogo em que a menina conta à pesquisadora uma história após a leitura do livro *João e o pé de feijão*.

J *O pé de feijão. O gigante foi passear com o Joãozinho e ele foi no parquinho com o gigante. Um dia ele foi ser amigo e deu a mão, daí ele falou: "Vamos tomar um banho?" Daí falou assim: "Vamos plantar uma árvore encantada? Colocar terra, jogar água e dar água e lavar a casa. O banheiro lave e lave os sapatos antes de entrar. Eu gosto de dado. Vamos lavar a butina? Eu gosto muito de passear".*

P *Esta é a estória do Joãozinho?*

J *É, eu estou inventando. "As nuvens é branca. Eu gosto de lavar o chão."*

P *Quem está falando?*

J *O gigante. A galinha mágica tinha os ovos de ouro e daí a harpa e ele morou na casa dele feliz, cheio de ouro.*

Mais uma vez seu texto se caracteriza pela não-plausibilidade do enredo. A intervenção da pesquisadora se deu na busca pelo esclarecimento sobre as vozes que falam no texto, as quais se constituem ora na voz dos próprios personagens, em forma de discurso direto, ora na voz da locutora, em forma de discurso indireto. Surge aqui a indagação sobre a capacidade de Juli em recontar uma história. Que outras histórias se entrelaçam aqui? Que outras vozes surgem? A de sua mãe? A de sua professora?

O uso do dêitico *ele*, de conteúdo anafórico, gerou ambiguidade e não permitiu ao interlocutor ter clareza sobre quem falava, pois as vozes, no decorrer do texto, misturavam protagonista e narrador. Como Juli interagia sempre com as poucas pessoas de sua classe especial e com aquelas com quem convivia em sua casa, as quais sabiam tudo sobre ela, talvez não precisasse esclarecer com mais detalhes o que falava; nesse contexto, provavelmente pressupunha seus interlocutores sempre informados sobre os elementos presentes em suas narrativas (o que fala?, de quem fala?, onde e por que fala?). Poderíamos então nos perguntar: será esta uma forma enunciativa comum em crianças que têm suas experiências linguísticas restritas a um grupo pequeno de pessoas conhecidas?

Esse ponto nos parece relevante, pois diz respeito à forma como a linguagem pode ampliar a consciência ou restringi-la a um cercado de poucas vozes conhecidas e muitas outras imagináveis, criadas no discurso da fantasia. Essa questão mostra-se central no caso aqui analisado, pois a fluência de Juli lhe garantia o uso efetivo das formas gramaticais de sua língua, porém lhe impunha restrições quanto à orientação social do seu discurso, em especial quando seu interlocutor era estranho e não partilhava de seu mundo. Nesse sentido, podemos afirmar que o uso dos dêiticos parece revelar uma forma de exercício cognitivo que o indivíduo faz na relação com seu mundo social e que amplia sua percepção em relação ao outro, podendo levá-lo a ampliar sua consciência, seu lugar subjetivo no mundo, o lugar do "eu" em relação ao "tu" ou ao "nós". Essas coordenadas permitem aos interlocutores atualizar o diálogo em um contexto determinado e manifestam-se na forma do subsistema dêitico, um processo fundamental para a constituição do diálogo, da interdiscursividade, fundamental para a coerência discursiva.

Segundo Coudry (1988), "o domínio dos recursos expressivos desse sistema está, pois, diretamente relacionado com a propriedade dialógica fundamental da linguagem: o da reversibilidade dos papéis da interlocução".

A interpretação de um enunciado depende das condições socioideológicas que o determinam e se dá, basicamente, como efeito do contexto em que se encontram seus interlocutores, da orientação espacial e temporal que os cerca e das condições precedentes da enunciação que caracterizam a responsividade – todo enunciado é uma resposta. Observamos, nos textos de Juli, que ela domina os recursos fonológicos e sintáticos da língua, porém os episódios narrativos conferem a seus discursos uma forma quase impossível de significação intersubjetiva, por não se complementarem no "outro" e com o "outro".

Bakhtin (1992) afirma ser a responsividade – característica de todo enunciado, que se constitui sempre enquanto resposta a outros enunciados – uma característica estruturante do enunciado. Tal característica impõe a condição de análise dialógica ao enunciado, o qual veicula a voz das figuras com quem a criança partilha sua experiência linguística cotidiana. Juli gosta de fazer planos e sua mãe relata gostar de ouvir a filha fazer planos, pois ela também os faz – sonha ganhar dinheiro, comprar sua casa, poder limpá-la; costuma rezar para que Jesus a ajude a realizar esse sonho. Juli gosta também de inventar histórias na escola, e sua professora a elogia por isso. Podemos fazer então a seguinte suposição/hipótese: há alguma plausibilidade nas histórias dessa criança? O conteúdo de suas histórias não seria plausível em relação ao mundo em que vive e aos sonhos de sua mãe? Teria Juli percebido a necessidade de atualização de seu discurso para diferentes situações, tempos, espaços e, principalmente, para diferentes interlocutores?

Juli inicialmente parecia não se valer do "outro" para o ajuste recíproco das condições de enunciação. Nesse sentido, não havia negociação quanto às pressuposições possíveis e quanto ao sentido do enunciado. Ela não tecia o significado com o "outro" e, por isso, as marcas dêiticas de seu discurso não se complementavam no "outro", eram usadas apenas para si e para aqueles que compartilhavam com ela o já conhecido ou o absolutamente novo, criado momento a momento em sua fantasia.

Perguntamo-nos até que ponto essa situação discursiva não impedia a ampliação de sua visão de mundo, não impedia a ampliação de seus horizontes sociais e intelectuais, incluindo-se aqui a possibilidade de operar com a escrita ou com outras formas enunciativas mais complexas como aquelas exigidas, por exemplo, no discurso escolar.

A orientação social do discurso constitui-se no momento em que a criança se destitui de suas formas autodirecionáveis de narrar e se dirige a uma lógica reversível, que o uso social da linguagem exige. Nesse processo, o sujeito também se constitui nessas mesmas bases dialógicas e suplanta suas condições biológicas iniciais, adentrando o sistema simbólico, social e histórico – coerente – em que está envolvido. Sua consciência ganha cores e matizes da orientação social a que se direciona e revela-se em formas discursivas próprias.

O discurso de Juli foi relacionado às suas experiências linguísticas em sua casa, com a mãe, contemplando seus planos, e na escola, com a professora, valorizando seu modo criativo de contar histórias, ou seja, as condições em que seus enunciados eram produzidos. Como parte do processo de avaliação e acompanhamento, adotou-se uma modificação nas condições enunciativas e observou-se uma forma diferente de resposta. Essa modificação na interação linguística levou Juli a incorporar novas formas narrativas, a ampliar seus conhecimentos sobre as linguagens oral e escrita e a colocar-se de forma diferente na linguagem em relação ao mundo. O progresso significativo que Juli apresentou em um pequeno intervalo de tempo, na elaboração de suas narrativas orais, confirma a hipótese inicial sobre a constituição da coerência na interação discursiva.

Esse método de avaliação foi utilizado por Vigotski (1988, 1996) como uma forma de investigação prospectiva do desenvolvimento, investindo tanto em atividades que a criança pode realizar sozinha quanto naquelas que pode realizar em conjunto com o adulto.

Três meses após o processo inicial de avaliação, novos textos, orais e escritos, atestaram as hipóteses iniciais da pesquisadora. Em uma das sessões, Juli contou a história de *Chapeuzinho Vermelho*.

J *Chapeuzinho Vermelho. O Chapéu falou assim: "Mamãe, faz os doces para a vovó". Daí, a mãe dela [...] é [...] ela fez. "Tra lá lá lá lá lá [...]". Daí ela [...] o Lobo Mau falou assim: "O que você tem na cesta?" Daí ela [...] daí ele disse: "Onde você tá indo?" Daí [...] daí [...] "Na casa da vovó." Daí [...] "Vô comê a vovozinha." Daí comeu a vovozinha e deitou na cama, vestiu a roupa dela. Daí o Chapeuzinho Vermelho bateu na porta: "Toc, toc, toc." Daí [...] daí a vovozinha falou: "Entre!" Daí o Chapeuzinho Vermelho falou assim: "Por que você tem nariz tão grande?" "É para te cheirar." "E o olho tão grande?" "É para te olhar." "E essa orelha tão grande?" "É para te escutar." "E essa boca tão grande?" "É para te comer." Daí ela gritou assim: "Sooocooorro!" Daí veio o... sa... s... Como chama?*

P *O Caçador.*

J *Caçador, é. Daí o Lobo Mau, o [...] Como chama? [...] e fez [...] para dormir. Daí tiraram a vovozinha e a menininha. Daí, daí abriram a barriga do Lobo Mau e colocou uma pedra. E fim.*

A história narrada demonstra o progresso significativo de Juli em relação à plausibilidade do enredo e à separação das vozes dos personagens da história. Notamos também que, nessa narrativa, Juli não misturou conteúdos, ou sua voz de narradora à da protagonista, e retratou as passagens que estruturam o conteúdo da história sem dificuldade. Trata-se da primeira história narrada por ela em que é possível identificar unidade temática.

Na mesma sessão em que ela construiu essa narrativa, contou também sobre sua semana, produzindo um pequeno relato informativo.

P *Juli, me conte como foi sua semana.*

J *Ah! Meu vô telefonou e disse assim que vai mandar carta com dinheiro para a gente viajar. Então [...] Daí eu vou para São Paulo, Rio Preto. Daí, eu vou nadar no clube deles com a boia. É isso!*

P *Seu avô mora em Rio Preto! Que bacana! Quando será isso?*

J *Não sei, ele ainda não sabe.*

P *Quem é esse avô? Pai da mãe?*

J *Não, é pai do pai.*

P *Você conheceu seu pai?*

J *Não.*

P *O que aconteceu com ele?*

J *Ah! Ele morreu, né?*

P *Quando?*

J *Ah! Morreu de ataque cardíaco.*

P *Quando foi isso?*

J *Ah! Bem no aniversário dele, acho que era agosto.*

P *E teu irmão, conheceu ele?*

J *Conheceu, sim, ele era desse tamanho e eu era desse tamanho.*

P *Você era bebezinho?*

J *É.*

Tanto o relato quanto a história mostram uma mudança na forma de Juli se colocar na linguagem em relação ao "outro". Ela tomou seu lugar de narradora, não se misturando com os personagens da história, e informou seu interlocutor sobre fatos ocorridos, localizando-os no tempo e no espaço.

Se a "realidade fundamental da língua" é constituída pela "interação dialógica", como afirma Bakhtin (1990), parece ser nesse espaço que devemos buscar as explicações para sua aquisição, tanto quanto alguma forma de compreensão sobre as patologias de linguagem. Podemos estender esse significado igualmente para a aquisição da escrita.

Essa concepção de linguagem requer uma reflexão sobre a infância que possa contemplar os processos da constituição da consciência humana em toda a sua dimensão e em sua relação com os processos sócio-históricos por meio do significado. Assim, a linguagem, a consciência e a infância podem ser analisadas na atividade concreta da criança, no contexto de sua efetiva realização.

[3.1.1] UMA ANÁLISE DA DIMENSÃO DISCURSIVA DA ESCRITA

Os problemas discutidos no início deste capítulo com relação a métodos de diagnóstico e concepções de linguagem são extensivos também à questão da escrita. As práticas tradicionais de avaliação diagnóstica da linguagem escrita normalmente se dirigem a seu produto e não a seu processo. Os dados são coletados a partir de leituras, cópias, ditados e alguns textos espontâneos, analisados, em geral, em seus aspectos formais, sem considerar as situações em que são produzidos e o significado que veiculam. Os erros da criança são analisados em comparação com a escrita padrão e atribuídos a desvios nos processos psicológicos como percepção, memória, atenção, responsáveis pelas associações que a criança deve fazer entre sons e letras para poder aprender a ler e escrever.

Críticas à teoria associacionista que sustenta tais práticas surgiram no Brasil na década de 1980, principalmente a partir dos trabalhos de Ferreiro e Teberosky (Ferreiro; Teberosky, 1985). Com base na epistemologia genética de Piaget, as autoras identificam uma sucessão de fases na aquisição da escrita alfabética, associadas a níveis diferenciados de hipóteses formuladas pela criança em relação ao objeto de conhecimento. Essa pesquisa trouxe uma contribuição importante para os métodos de diagnóstico da escrita, oferecendo recursos para se compreender o processo de aquisição da escrita que destacam a criança e seu papel ativo na construção do conhecimento, em contraste com práticas tradicionais que colocam o aprendiz frente à escrita de forma passiva.

Porém, a análise do dizer oral e escrito da criança acaba por restringir-se, muitas vezes, na avaliação diagnóstica, à identificação do nível de hipótese em que a criança se encontra. Diagnosticar se uma criança encontra-se em uma fase silábica ou pré-silábica na construção da escrita restringe a complexidade que esse processo exige. Além disso, a explicação para a evolução dessas fases fundamenta-se na psicologia genética, relacionando-se, portanto, à psicologia cognitiva e à construção lógica do pensamento individual. Essa perspectiva em nada se aproxima de uma compreensão discursiva e dialógica da linguagem.

Vigotski (1984) e Luria (1988) traçaram a história da escrita, aproximando-a do desenvolvimento simbólico da criança. O domínio da escrita, na concepção desses autores, prenuncia um ponto crítico em todo o desenvolvimento cultural da criança. A apropriação da escrita por parte do indivíduo não se dá como um percurso regular, mas como um processo dialético entre as diferentes formas de representação simbólica a que a criança tem acesso, desde os primeiros gestos e signos visuais, rabiscos, desenhos e jogos até o momento em que o desenho das coisas passa a ser deslocado para o desenho das palavras. A escrita, nessa perspectiva, deve ser relevante para a vida, e a análise do seu desenvolvimento não pode ser dissociada do desenvolvimento simbólico, social e cultural da criança.

No Brasil, um ensaio sobre a fase inicial da aquisição da escrita a partir desses fundamentos foi desenvolvido por Smolka (1993), que estudou a relação linguagem-pensamento, conforme estudo clássico de Vigotski, elegendo a linguagem egocêntrica como objeto de investigação e análise e tomando-a como forma de ampliar os conhecimentos sobre essa relação.

Smolka (1993) analisou as primeiras escritas de um grupo de crianças, interpretando-as como formas enunciativas, depreendidas do intenso movimento intertextual caracterizado como jogo da intersubjetividade, o qual é marcado no trabalho da escrita. A autora ampliou o conceito de fala egocêntrica de Vigotski, concebendo-a como orientada para o "outro" – análise dialógica que tomou de Bakhtin –, como objeto de uma perspectiva discursiva.

A forma inicial de a criança se relacionar com a escrita foi definida por Vigotski (2001) como um simbolismo de segunda ordem em relação à fala. A fala egocêntrica, nesse sentido, observada como o exercício de soletração das palavras realizado pela criança para buscar compreender o engendramento das letras no funcionamento da escrita, é parte da internalização dos processos culturais complexos.

O estudo do autor sobre a apropriação da escrita é parte de um pressuposto mais amplo que diferencia e inverte a relação entre pensamento e linguagem, no qual a fala egocêntrica ocupa uma posição central para a explicação dos processos de pensamento na ontogênese. A linguagem – neste caso a escrita – instaura novas formas de pensamento.

A partir dessa concepção, Smolka (1993) apresenta o produto textual da criança como um elemento que, desde o princípio, constitui-se como marca enunciativa, constitutiva da própria autoria no discurso. À medida que a criança passa a operar pela oralidade e pela escrita, começa a apreender formas de dizer, de objetivar o mundo, objetivar ideias, reconstruir significados.

No caso de Juli, os primeiros encontros com ela nos levaram a perceber que a atividade escrita que dominava era a cópia. A única palavra que escrevia sozinha era *bebê*. Não escrevia nem reconhecia seu próprio nome e, para escrevê-lo, solicitava o modelo para copiar. Diferenciava desenho de letras, reconhecendo-as isoladamente.

A partir dessas observações, a pesquisadora traçou algumas análises sobre a relação da menina com a escrita, examinando as diferentes operações linguísticas que entrelaçavam seu dizer oral e escrito. A atenção foi dirigida sobre os elementos significativos como parte da atividade de representação e significação da linguagem. Ainda, investiu-se nessa atividade com a linguagem como forma de ampliar sua consciência em relação ao mundo e a si mesma.

Diante dos dados que se apresentavam sobre a relação de Juli com a escrita – ela era uma excelente copista, segundo a mãe, a professora e ela mesma –, a pesquisadora passou a indagar o papel da cópia e do treino silábico nesse processo dinâmico e reciprocamente constitutivo das formas de dizer e da própria atividade mental do sujeito. Por que essa atividade é colocada como nuclear no ensino da língua, em especial de crianças com dificuldades? O que diferencia essas crianças de outras no que se refere a suas formas de dizer? O que pode levar o educador a pensar que para essas crianças, em especial, a melhor forma de alfabetização é a da cópia de letras e famílias silábicas? O que o faz pensar que a repetição mecânica seja a única forma de auxiliar a memorização dos símbolos da escrita?

Conforme foi observado, apesar de fazer inúmeras cópias, Juli não sabia a orientação da escrita. As muitas cópias que realizou não garantiram o estabelecimento de relações de significação com os signos gráficos, não a levaram a pensar sobre seu funcionamento nem despertaram qualquer atitude cognitiva em relação ao funcionamento desse novo objeto de conhecimento.

Juli buscava o interlocutor apenas para exercer um ato mecânico de cópia, calada, sem dúvidas, sem hipóteses, sem curiosidades, nem mesmo quanto à escrita de seu nome. A escrita parecia-lhe destituída de qualquer sentido, de qualquer forma de linguagem. Parece, ainda, que essa forma de atividade com a linguagem não havia instituído qualquer relação nova entre oralidade e escrita, tampouco tinha estabelecido novas formas de atividade mental. Juli, calada, apenas copiava.

Sem minimizar a importância da cópia como meio de registro no processo de letramento, queremos apontar, num contexto mais amplo de ensino, que seu modo de utilização pode revelar as condições de "emudecimento" em que a língua escrita é apresentada à criança. Ao ser tomada como atividade mecânica e central na aquisição da escrita, toma o lugar do diálogo, para ocupar apenas as mãos, obliterando da linguagem sua significação.

Ao tomar o lugar do diálogo, da dúvida, da criação, limita as possibilidades de a escrita instaurar novas formas de atividade mental.

Juli colocava-se passiva diante do interlocutor, aguardava que este escrevesse para que ela copiasse. Sempre que incitada a escrever, dizia que esquecia como fazê-lo e solicitava o modelo para cópia. Aliás, a falta de memória – queixa escolar comum em crianças com deficiências intelectuais – é geralmente associada à "fraqueza da mente", o que reafirma a necessidade de repetição, treino etc. A forma com que a menina se relacionava com a escrita não a levava a estabelecer registros significativos e intencionais de experiências, partilhadas socialmente, que lhe permitissem ampliar sua atividade linguística e cognitiva sobre a escrita.

Cada texto produzido é um momento de enunciação, efeito da multiplicidade de vozes constitutivas da própria consciência que caracteriza, na visão de Bakhtin (1990), a atividade mental do "nós", ou seja, a consciência socialmente orientada. A partir desse pressuposto, a pesquisadora indagou-se sobre a possibilidade de Juli realizar outras formas de trabalho com a escrita. Essa suposição/hipótese direcionou o processo de avaliação/intervenção para atividades conjuntas que explorassem os símbolos gráficos existentes no espaço compartilhado entre elas.

A leitura de placas, nomes de carros, logotipos tornou-se o trajeto de uma verdadeira inspiração para a leitura. A pesquisadora a buscava em casa e no caminho faziam um verdadeiro jogo de decifração dos símbolos gráficos existentes no trajeto. A atividade de leitura conjunta parece ter levado Juli a acreditar que podia ler.

Essa forma conjunta de leitura e escrita foi iniciada também com o uso do alfabeto móvel e com a escrita de nomes para que a investigadora pudesse observar sua compreensão em relação às unidades menores da escrita, a diferenciação de seus símbolos e o processo de engendramento das letras necessário para o domínio da escrita alfabética. Foram escolhidas atividades que partiam de nomes, especialmente dos nomes dos familiares de Juli.

O fato de entendermos que o processo de letramento tem que operar sobre elementos significativos da linguagem da criança leva a crer que a experiência cultural é de importância decisiva, tanto quanto as condições físicas e neurológicas. Por isso, acreditamos que a avaliação no início desse processo não pode direcionar-se apenas às dificuldades cognitivas ou ao nível de hipóteses em que a criança se encontra; deve buscar compreender como a criança opera sobre os elementos significativos de representação gráfica que fazem parte de seu mundo concreto.

Já discutimos anteriormente a forma emudecida como Juli se relacionava com a escrita na escola por meio da cópia. Associamos a isso o fato de Juli não ter em casa a oportunidade de presenciar atos de escrita ou leitura. Sua mãe não lê nem escreve e parecia não acreditar que a filha pudesse vir a fazê-lo.

Embora esta não seja a única fonte de experiências que pode levar a criança a querer tomar parte nessa atividade, destacamos sua importância. É certo que a carga de anúncios de propaganda que lhe chegam através de *outdoors*, revistas e televisão a impede de alienar-se totalmente das mensagens graficamente trazidas por esses meios de comunicação. Porém, a relação de Juli com a linguagem escrita prescindia de algo situado além do processo linguístico ou cognitivo. Ela (Juli) precisava ser "capturada", através do "outro", pelo significado da escrita.

Um último fato nos chama atenção: Juli desenhava muito bem e parecia sempre motivada para esse tipo de atividade. Aliás, exercia todo tipo de atividade que exigisse primorosa coordenação motora, como pintura, desenho, recorte e colagem, o que mostra que o domínio desse tipo de habilidade não se constitui em pré-requisito central para a apropriação da escrita, conforme se acreditou por muito tempo.

O que nos parece apropriado perguntar é por que Juli, apesar de desenhar tão bem, ainda não havia realizado, nos termos de Vigotski (1988), a importante descoberta de "que se pode desenhar, além de coisas, também a fala". Ela demonstrou ter consciência de que pode ler, ou predizer, o que está escrito pelo desenho ou pelo contexto, porém, apesar de conhecer as letras isoladamente, ainda não conseguia atuar com esses elementos conforme o sistema alfabético de escrita exige.

O uso lúdico do alfabeto móvel foi uma atividade proposta como meio de levá-la à descoberta do funcionamento do sistema alfabético de escrita da nossa língua. Seu nome foi a unidade de significação que deu início ao processo, pois, como já mencionamos, Juli não o escrevia, nem mesmo o reconhecia. Aliás, suas tentativas de leitura ou de montagem de palavras com o alfabeto móvel se davam da direita para a esquerda.

Essa atividade foi proposta enquanto forma criativa, dinâmica e, principalmente, como atividade conjunta, intensamente mediada, com a finalidade de levar a criança a perceber o processo de engendramento das palavras.

Em sua primeira tentativa, Juli montou seu nome com o alfabeto móvel da seguinte forma: *JANZA*. Apesar de a orientação de escrita e leitura encontrar-se invertida, a proximidade de sua produção com a escrita alfabética de seu nome era grande, pois selecionou algumas letras de seu nome (verdadeiro): *J, A, N, A*.

Essa atividade foi extremamente explorada quanto à direção da escrita e ao engendramento das palavras e, na sequência, iniciou-se uma atividade de elaboração de crachás.

Em um intervalo de uma semana, Juli demonstrou progressos, apropriou-se da direção da escrita – o que lhe garantiu maior autonomia para a atividade com o alfabeto móvel – e começou a fazer relações importantes entre nomes e letras. Preencheu uma ficha de autoapresentação onde escreveu sozinha: *AMEI* (para *amarelo*); *VALM* (para *verde*); *BEBE* (para *bebê*); *BOEA* (para *boneca*). Sua escrita mostrou, pois, uma compreensão inicial da **correspondência entre sons e letras.**

Ampliadas as atividades com caça-palavras e leitura de carta enigmática, Juli mostrou compreender também a **finalidade comunicativa** da escrita e a utilizar-se do interlocutor para escrever o que desejava dizer ao

Papai Noel. Copiou, então, o "seu texto" e, enquanto copiava, fazia em conjunto o exercício da oralidade (ver p. 174). Sabia o que estava escrevendo e o significado de sua produção escrita. Começou a compreender aquele desenho da fala.

Seus avanços, alcançados durante dez encontros, sugeriam à pesquisadora que Juli poderia vir a escrever em breve. Após três meses do início desse trabalho, ela escreveu uma carta para sua professora, em que expressou seu prazer em estudar e dominar a escrita e sua motivação para isso: estar na 1ª série. Nessa ocasião, ela leu essa carta, acompanhando a leitura com os dedos. Reproduzimos o texto feito originalmente por Juli e, na sequência, sua tradução (ver p. 175).

Juli começou a trabalhar com a escrita por meio de hipóteses silábicas, utilizando para cada sílaba uma letra quase regularmente. Esse fato revela-se incontestável no texto dessa carta. Mais do que isso, podemos perceber que a operação sobre elementos significativos da linguagem revela que as palavras, inseridas no universo de significação da linguagem, ponto de ligação dos sujeitos do discurso, não apenas comunicam e significam, mas instauram novas formas de ação e representação, formas novas de pensamento e inteligência, fundamentais para o desenvolvimento cultural da criança.

[3.1.2] AUTORIA: UMA CONQUISTA NA RELAÇÃO ORALIDADE-ESCRITA

A perspectiva que privilegia a dimensão discursiva da linguagem leva à valorização das relações intersubjetivas no processo de diagnóstico, tornando central o papel do "outro" para a compreensão da apropriação dos diferentes gêneros discursivos, em particular, no caso de Juli, a narrativa oral e escrita. Somente assumindo esse lugar – o da alteridade –, a pesquisadora pôde indagar a posição que Juli assumia em seus enunciados, o que transformou em ferramenta de trabalho um importante componente da relação entre o sujeito e a linguagem: o processo de autoria[▼].

Algumas questões importantes passaram a nortear a investigação: qual a relação que se deve fazer entre o domínio da narrativa oral e o processo de letramento? Por que se espera que uma criança saiba narrar, ao modo do adulto, para que se alfabetize? É possível estabelecer uma relação entre o fato de Juli não ter se apropriado plenamente do discurso narrativo e, portanto, não conseguir se apropriar da escrita? Se essa relação é pertinente, que elementos de análise devem ser tomados para confirmá-la ou descartá-la?

▼ Este conceito é uma das contribuições centrais que os estudos linguísticos trazem para a compreensão dos processos subjetivos no letramento escolar e tem sido objeto de nossa investigação atual, especialmente a partir das contribuições de Faraco (2005), com os estudos bakhtinianos sobre o tema, e de Possenti (2002), somadas às contribuições foucaultianas.

Figuras retiradas de: PAN, M. A. G. de S. **Infância e discurso**: contribuições para a avaliação da linguagem. Curitiba, 1995. 181 f. Dissertação (Mestrado em Letras) – Setor de Ciências Humanas, Letras e Artes, Universidade Federal do Paraná, Curitiba, 1995. Disponível em: <https://acervodigital.ufpr.br/handle/1884/24396?show=full>. Acesso em: 18 jan. 2023.

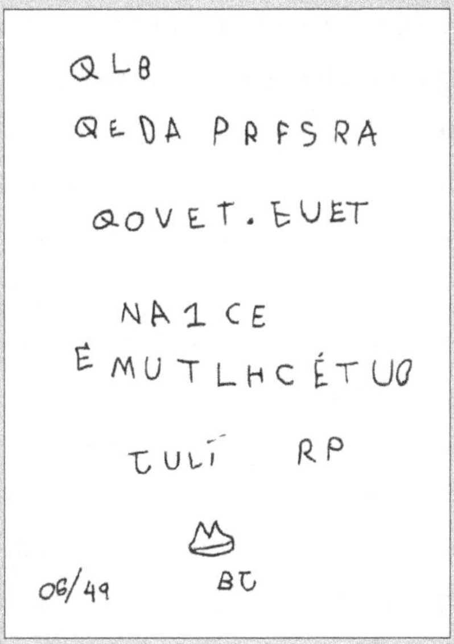
QLB
QEDA PRFSRA
QOVET. EUET
NA1CE
É MUTLHCÉTUO
TULI RP
06/49 BT

Kleibe
Querida professora
Como você está? Eu estou
na primeira série
É muito legal estudar
Juli
Beijo

Sob efeito dessas questões, e imbuídos da tarefa de compreender a forma como Juli se posicionava em seus enunciados – o processo de autoria – em relação ao "outro", ao mundo e a si mesma, nos diferentes gêneros discursivos – em especial o narrativo –, podemos compreender alguns embaraços dessa criança.

A análise das últimas sessões em comparação com as primeiras põe em evidência uma mudança crucial na relação de Juli com a linguagem: trata-se de sua autonomia para narrar e escrever. Ela foi conquistando essa autonomia à medida que realizava o intenso exercício com a linguagem e sobre a linguagem, o que instaurou novas possibilidades de pensamento.

Novas perspectivas de trabalho com a língua escrita aconteceram quando ela deixou de se colocar passivamente na reprodução gráfica de sílabas e palavras que não lhe pertenciam, passando a exercitar hipóteses sobre o funcionamento da escrita a partir do contexto de suas experiências.

Ela assumia o papel de leitora e espectadora. Como leitora, não havia se conscientizado do processo de autoria presente no dizer escrito. Lia e inventava as histórias, à maneira de seus textos orais, sem compromisso com a plausibilidade.

A diferenciação entre esse papel e o de autora apareceu quando ela solicitou ao "outro" que escrevesse seu texto (a carta ao Papai Noel) e, mais tarde, quando ela própria escreveu uma carta para sua professora.

O processo de autoria, tanto em relação à oralidade quanto em relação à escrita, possibilitou a observação dos grandes movimentos de Juli em relação à linguagem e a ela mesma durante esse período de acompanhamento. Ela pôde delinear o ponto de encontro entre o significado da linguagem oral e o da escrita no sujeito, bem como seu papel constitutivo para ambos.

A análise desse caso nos permite pensar que, quando o trabalho com a linguagem contempla a dimensão da significação – o sentido do dito e também do não-dito –, possibilita à criança que se coloque na linguagem de forma a poder contar, narrar, criar, informar; enfim, presentificar-se.

A linguagem supostamente incoerente de Juli no início dos encontros passou a ser ajustada ao "outro" e vice-versa, o que levou a uma modificação do seu estado inicial de emudecimento diante da escrita. Ela tomou consciência da possibilidade de relação que a escrita oferece.

O diagnóstico finalizou não com o quadro clínico, ou com a classificação da patologia, mas com a análise da forma singular com a qual Juli se colocava na linguagem – autoria – e da forma peculiar – criativa – com que operava com ela. Em um intervalo de seis meses, Juli progrediu significativamente em sua linguagem, em particular quanto à coerência de suas narrativas e à compreensão da escrita. Os dados empíricos atestam essa conclusão. Inicialmente não escrevia seu próprio nome, apenas o copiava. As narrativas prescindiam de plausibilidade, inventava histórias aos moldes de sua imaginação, sem nenhum compromisso com o enredo ou com os fatos vividos. Já no final do estudo, narrava histórias de enredo fixo e produzia relatos informativos levando em conta o intelocutor.

Eleger elementos discursivos da linguagem e investir na sua dimensão intersubjetiva e criativa possibilitou a opção por um caminho alternativo, que privilegia o processo da constituição das formas complexas de pensamento da criança. Não existe, contudo, a garantia de controle de todas as variáveis envolvidas nesse processo, como os estudos experimentais costumam valorizar.

Com o relato desse caso, procuramos apresentar uma perspectiva de avaliação da linguagem que difere das perspectivas clássicas, as quais procuram o desvio de linguagem em relação ao padrão de normalidade. O que possibilitou a concretização dessa perspectiva pode ser sintetizado em dois pontos: a teoria e o método de diagnóstico do desenvolvimento adotados.

Em primeiro lugar, a linguagem na infância foi tomada como um processo, valorizando sua dimensão discursiva, que não se restringe apenas aos limites da palavra ou das sentenças articuladas, mas estende-se ao todo complexo da enunciação, em que as formas de a criança agir, sentir, dizer e pensar o mundo são direcionadas e, portanto, dialogicamente constitutivas. Nesse sentido, o dizer da criança não se completa em si, mas no "outro" concreto e presente no processo de enunciação.

Desse modo, podemos concluir que, quando a enunciação é tomada como centro de reflexão diagnóstica, o eixo da análise modifica-se e amplia-se, permitindo a compreensão da linguagem como própria do tipo de atividade da infância. A forma lúdica como Juli se utilizava da linguagem exemplifica esse fato. Esse processo impõe a necessária compreensão do papel do "outro" e da enunciação, para que a ontogênese das formas linguístico-discursivas possa ser depreendida. Por meio do diálogo, foi possível compreender o contingente das representações do mundo simbólico de Juli, que se revelaram nas múltiplas vozes presentes em seu discurso. Foi também possível localizá-la como sujeito em constituição na relação com o seu mundo social, nos gêneros discursivos cotidianos e no seu mundo imaginário. Essas formas faziam parte de suas atividades linguísticas cotidianas, como nos diálogos com a mãe e nas atividades de sala de aula. Elas nos permitem compreender por que Juli não se inseria em diálogos que envolvessem formas discursivas mais complexas, ou em gêneros textuais que fugissem daqueles que dominava em seu cotidiano, o que restringia suas operações cognitivas e discursivas, mantendo-a sem localizar-se, pela linguagem, no tempo, no espaço e em relação ao "outro".

Concluímos, assim, que as formas enunciativas próprias dos diferentes grupos sociais, incluindo as formas lúdicas próprias da infância – os gêneros discursivos, conforme nos apontou Bakhtin (1992) –, podem levar a uma diferente compreensão da linguagem da criança. A relação desta com os mais diversos tipos de enunciados, simples ou complexos, deve ser vista ao lado de qualquer avaliação que se possa fazer sobre a atividade da criança.

O segundo ponto, o método, levou à conclusão de que, nessa perspectiva, a avaliação não é um exercício de enquadramento de produtos da linguagem em padrões descritivos de desenvolvimento, mas, sim, a compreensão das formas linguístico-discursivas no contexto evolutivo da infância e de toda a atividade cognitiva que essas formas instauram. Esse método aponta o "diálogo" como o lugar para o empírico ser analisado. A consequência disso é que a avaliação deixa de ser um exercício de comparação com padrões de normalidade para tornar-se um acompanhamento da evolução do dizer, oral e escrito, no jogo discursivo.

[3.2] TEXTOS E CONTEXTOS: OUTRAS HISTÓRIAS E NOVOS DESTINOS

Vamos apresentar nesta seção alguns recortes do caminho metodológico percorrido, tanto de investigação quanto de intervenção, em outros dois casos envolvendo duas jovens, Elane e Rosa, que frequentaram classe especial e foram posteriormente integradas ao ensino regular.

Os resultados que iremos relatar foram obtidos a partir de uma pesquisa desenvolvida no Centro de Psicologia Aplicada (CPA)[▼] da UFPR, o qual oferece atendimento psicológico à comunidade, recebendo famílias que procuram ajuda em relação à aprendizagem escolar de seus filhos. O trabalho de intervenção com as crianças é desenvolvido por estagiários do último ano do Curso de Psicologia daquela universidade, sob nossa supervisão, e tem como objetivo investigar as queixas de dificuldades

▼ O CPA constitui-se, em parte, em uma clínica-escola destinada à formação profissional dos alunos do Curso de Psicologia, no qual (como dito anteriormente) a autora deste livro se inseria como pesquisadora e supervisora de estágio. O registro do atendimento realizado pelos estagiários era feito em forma de um relatório e compunha o banco de dados da pesquisa.

de aprendizagem, desenvolvendo novas formas de diagnóstico e intervenção psicopedagógica voltadas à criança, à família e à escola. Busca compreender e intervir nas representações que o aluno tem acerca dos obstáculos em seu processo de aprendizagem.

Nos dois casos selecionados, o trabalho deu-se a partir das relações entre a história de vida de cada criança, sua narrativa, sua relação com o mundo das letras (escola) e as experiências de fracasso vivenciadas nesse mundo, em especial o sofrimento psíquico decorrente dessas experiências. O trabalho desenvolvido visou ao reencontro da criança com a escrita, com vistas à compreensão desse sofrimento e da ressignificação dessa relação, por meio da experiência lúdica com a escrita, da literatura, do computador, da arte, possibilitando uma releitura do mundo.

O encaminhamento do processo de intervenção que caracterizou o trabalho sobre o qual iremos tratar agora vai ao encontro das discussões que fizemos anteriormente sobre a deficiência intelectual, procurando superar o olhar individualizante ou biologizante sobre as crianças, para compreendê-las no contexto das práticas sociais em que lhes são atribuídos sentidos em função de suas diferenças.

[3.2.1] CONHECENDO ELANE▾

Segundo os registros da pesquisa, Elane é uma menina que na época da realização do trabalho tinha 12 anos de

▾ Este estudo, realizado pela então estagiária (Rocha) sob orientação de Pan, pode ser consultado na íntegra em Rocha, 1999.

idade e havia sido inserida na 3ª série do ensino regular. Repetente de 1ª série, ela havia sido avaliada por profissionais da medicina e da psicologia, diagnosticada como "deficiente mental leve" e encaminhada à classe especial. Após frequentar por seis meses essa turma sem nenhum progresso na aquisição da escrita, foi encaminhada para o CPA (já mencionado) da UFPR.

Desde o nascimento havia enfrentado várias dificuldades. De uma família com baixíssimo poder aquisitivo, sua mãe quase a tinha abortado por fraqueza, colocando em risco a sobrevivência de Elane, a qual, ao nascer, permaneceu hospitalizada por apresentar baixo peso. Fruto da décima primeira gestação da mãe, que chegou a abortar duas vezes, é temporã, sendo que uma diferença de 8 anos a separa de seu irmão mais novo.

No estudo, levou-se em consideração ainda o fato de Elane viver em condições precárias, as quais traziam como implicação a sua propensão a desenvolver doenças: dores de dente com frequente inchaço do rosto, resfriado, baixo peso, além de dores nos pés, agravada pelo uso de sapatos apertados. Foi examinada na escola e ficou constatado que sofria de problemas oftalmológicos; a família, porém, não pôde adquirir os óculos indicados. A investigadora registrou que, por diversas vezes, Elane havia comparecido ao CPA com escassa roupa e calçado impróprio em dias de muito frio. Some-se a isso uma frequência irregular justificada por falta de recursos financeiros para o seu deslocamento.

As reflexões sobre o caso de Elane remeteram a suas condições de vida, considerando que, evidentemente, num ambiente com tantos problemas, não seria de estranhar que os embaraços de Elane não fossem relacionados somente com o mundo da leitura, mas também com a leitura do mundo que a cercava e a oprimia. Um contexto desse tipo, no qual a luta pela sobrevivência evidentemente ocupava lugar principal, promoveria por si só um distanciamento entre a leitura do mundo e o mundo da leitura. Limitações em nível de compreensão e de expressão (principalmente em termos de organização do discurso) puderam também ser percebidas nos seus progenitores (Rocha, 1999).

A situação de vida em que Elane estava inserida se tornou mais complexa com a chegada à pré-adolescência, pois os desentendimentos entre a jovem e seus pais, especialmente sua mãe, e que tinham como tema as companhias de Elane tornaram-se cada vez mais acirrados, o que se agravava em função da forte religiosidade da família da menina, que possuía dois irmãos catequistas e frequentava a catequese. Mesmo assim, a cada encontro da investigadora com a menina, tornaram-se mais evidentes sua força de vontade para se auto-superar, para tentar aprender, e sua persistência quando as dificuldades se acentuavam, o que provavelmente a remetia à sua própria luta pela sobrevivência. Ela se mostrava particularmente motivada para as atividades ludopedagógicas.

Esse esforço arrefecia somente em relação à escrita, esquivando-se do contato com qualquer tipo de material gráfico, como se estivesse desistindo de aprender a escrever. Segundo os registros feitos durante a investigação, durante seis meses, a escrita foi a única atividade que ela evitava aberta e sistematicamente sempre que se lhe oportunizava escolher o que fazer, ainda que a estagiária se oferecesse para lhe servir de escriba. Para não frustrá-la ainda mais, o acesso aos escritos da menina deu-se somente por meio de seus cadernos escolares. Tanto havia a ser trabalhado que, de fato, não se constituía imprescindível acessar esse material. Assim, o respeito às suas demandas levou Elane a perceber a investigadora como sua aliada em seu processo de desenvolvimento, o que abriu caminho para que seu sofrimento diante da escrita pudesse ser trabalhado.

Foi a partir do fortalecimento do laço afetivo com a estagiária e da confiança nela que Elane voltou a sonhar com a possibilidade de se relacionar de forma criativa com a escrita. Ela contou à estagiária um sonho que tivera e esta a convidou a transformá-lo em uma história a ser escrita. Foi então proposto que Elane "brincasse de escritora" e confeccionasse um livro de pano com a "história-sonho".

O processo de manufatura desse livro envolveu as experiências com o rascunho (desenho, recorte, colagem e escrita) e envolveu também questões relacionadas à organização do pensamento, à memória, à exploração do erro como parte necessária à construção do acerto, à necessidade de contemplar os prováveis leitores como elementos constitutivos do livro, ao exercício de organização espacial, às capacidades de análise e síntese (para escolher um desenho que se referisse ao texto e o contemplasse), à capacidade de interpretação, ao exercício de contemplação estética e, principalmente, ao vínculo afetivo de Elane com as personagens. Nesse percurso, inicialmente ela não fazia distinção quanto à representação de sua pessoa por meio dos desenhos que criava para compor a ilustração do livro. Durante esse processo, o oposto disso acabou por acontecer. Ela passou a caprichar mais nas imagens que a representariam no livro, além de desenhar-se paulatinamente menos infantilizada. Ela fez, inclusive, um autorretrato para mostrar aos seus leitores quem era a "autora" da história, evidenciando satisfação consigo própria.

Concluído o livro, Elane foi convidada a reescrevê-lo no computador. Essa ferramenta acrescentou novas possibilidades ao seu trabalho, permitindo-lhe imaginar que seu texto ou seu desenho pudessem ser distribuídos, ou seja, ela passou a ver o seu trabalho como algo muito parecido com a produção do adulto, cuja versão final não tem ares de projeto, que precisa ser passado a limpo. Essa tecnologia, pertencente ao mundo profissional do adulto, transformou-se em brinquedo, aparelho-jogo, máquina lúdica (Nogueira, 1998, p. 114).

No trajeto do corrente ano, a escola avaliou que Elane havia conseguido deixar de ser excessivamente "fechada" para apresentar-se "bem mais participativa e agitada, no bom sentido: pergunta mais, vai até a mesa dos colegas e ajuda[-os] quando sabe".

Paulatinamente foi desmistificando a produção escrita, o que nos faz avaliar o processo de confecção desse livro como o meio de (re)inserção de Elane ao mundo da leitura, conduzido, contudo, de forma diferenciada e singular, pois representou não apenas o exercício puramente mecânico de habilidades consideradas fracas em crianças com deficiência intelectual, com as quais a descrença em seus potenciais é o pior investimento. Tratou-se de um processo de resgate de Elane enquanto sujeito de uma história difícil, que teve possibilidade de ser compreendida, escutada. A estagiária concluiu que,

> *apesar de suas precárias condições de sobrevivência, de todas as opressões, e de seus sentimentos de quase derrota diante do mundo da leitura e escrita, Elane conseguiu superar-se e vislumbrar um possível voo, livre, ou quase; foi para a sala regular, e novos amigos ampliam sua interação discursiva. Com isso, confirmamos que a alfabetização pode ser uma experiência de sucesso e de libertação para muitas crianças, inclusive aquelas que se apresentam sob efeitos do discurso de uma "deficiência".* (Rocha, 1999)

[3.2.2] CONHECENDO ROSA▼

O segundo relato que queremos examinar nesta seção retrata uma problemática semelhante. Na época do estudo realizado por uma estagiária do CPA, Rosa era uma adolescente de 13 anos que havia frequentado uma classe especial e tinha passado para a 4ª série do ensino regular. Com 5 e 6 anos, frequentou a pré-escola e iniciou a 1ª série do ciclo básico de alfabetização, tendo

▼ Este estudo é parte do relatório final de estágio de Psicologia Escolar e pode ser consultado na íntegra em Stephanus, 1995.

sido promovida para a 2ª série sem estar alfabetizada. Transferida para uma escola municipal quando cursava a metade desse ano, foi retida na 2ª série e encaminhada para a classe especial, na qual continuou a apresentar inúmeras dificuldades escolares. A escola procurou a ajuda do CPA, sendo recebida pelo programa de apoio psicopedagógico. Segundo os registros da estagiária que a atendeu, na infância Rosa era uma menina de rua. Sua mãe era garota de programa e seu pai, que dela cuidava, havia morrido muito cedo. Como passou a viver na rua, uma conhecida da sua mãe indicou-a para adoção. Passou então a morar com um casal que cuidava dela até aquele momento e que Rosa considerava como seus pais (Stephanus, 1995).

Analisando a história de Rosa, observamos que sua vida foi, desde cedo, muito complicada. Ela se negava frequentemente, durante os atendimentos, a falar ou escrever sobre isso. Reproduzimos a seguir um texto por ela produzido, em que se refere à sua família natural. Na sequência, para facilitar o entendimento por parte do leitor, apresentamos a transcrição desse texto a partir da leitura que ela havia feito logo após concluir sua produção.

Meu trimeiro nacinto
foi tam gostovo saber que eu ia nascer no munbo e a min mãe nem se tocava que tendro a barriga estava eu também eu não era bagunceira só depois ela sentia um enjoo quando meu pai chegou. Mina mãe foi falar com ele que ela estava grávida.

Meu primeiro nascimento
Foi tão gostoso saber que eu ia nascer no mundo e a minha mãe nem se tocava que dentro da barriga estava eu, também eu não era bagunceira. Só depois ela sentia enjoo quando meu pai chegou, minha mãe foi falar que estava grávida.

As dificuldades com a escrita espontânea que aparecem nesse texto repetem-se em outros textos espontâneos, escritos em outros contextos e sobre outros temas. No entanto, foi sobre sua história que a menina começou a escrever textos que apresentavam coerência e cujo sentido era acolhido e valorizado (pela estagiária), independente da forma – em especial dos "erros" – que apresentavam. O lugar diferenciado que a estagiária ocupava – procurava compreender e acolher seu sofrimento, sem estabelecer nenhum tipo de julgamento ao produto de sua escrita – concedia-lhe uma outra possibilidade de se relacionar com a escrita, como uma forma de dizer, de compreender seu mundo, ressignificar sua história.

O que podemos perceber com esse texto é que falar de sua difícil história de vida criava-lhe muitos embaraços com as letras, pois se tratava de uma tarefa muito difícil. Seus embaraços pareciam bem menores ao falar de como se sentia naquele momento, quando Rosa dizia estar feliz e realizada na sua nova família. Gostava de falar de suas "paqueras" e, quando escrevia sobre o amor, sobre meninos, sua produção era bastante diferente, sem erros:

O amor no luar
Se você gosta de luar
Pensa no que eu vou falar
Olha o céu azul
Olha os pássaros cantando
E você será mais feliz
Sabe por quê?
Eu amo você
Não vou te esquecer

Ao longo dos primeiros seis meses de trabalho, a estagiária observou que, para essa jovem, a aprendizagem passou a ser um entretenimento, e a inspiração provocada pelos seus sentimentos permitia-lhe presentificar-se no ato de ler e escrever, em forma de expressão poética. Após esse período de atendimento, ela passou a escrever poesias e manifestou interesse em escrever um romance.

Foi pensando no interesse de Rosa por assuntos relacionados à paixão que foi escolhido como alternativa o trabalho com filmes, sendo inicialmente selecionado por Rosa o filme *Titanic*. A partir dessa experiência, surgiu o interesse de produzir um livro sobre o filme. Nesse momento, foi introduzido o trabalho com o computador, com base na concepção de que a escrita tem a função de dizer algo para alguém, o que torna o texto acessível para o leitor.

Segundo a conclusão da análise do caso, Rosa não deixou de expressar as marcas de seu passado, porém passou a conseguir narrá-lo com menos embaraços que antes. Foi por meio da linguagem, em sua força constitutiva, que pôde refletir sobre sua história, reconstruir suas memórias, deparar-se com seus embaraços e transformar seu presente, tendo uma nova inspiração diante do mundo da leitura e ampliando seus planos para o futuro. Ao desembaraçar-se das marcas de seu passado, Rosa ressignificou a consciência de si e de seu mundo presente, vislumbrando, por fim, um futuro, desejos e sonhos, inspiração, motivação e desprendimento em relação à linguagem. Retornou então ao ensino regular sem limites para aprender e parecia ter muita pressa, a ponto de a escola indicá-la para o supletivo, a fim de "recuperar o tempo perdido". Resta a pergunta: teria Rosa uma deficiência intelectual? (Stephanus, 1995)

Tanto Juli quanto Elane e Rosa, a partir do momento em que entraram na escola, foram marcadas por uma diferença crucial que coloca em separado dos demais os que não conseguem ler ou escrever. Suas trajetórias não se diferenciam das vividas por muitas crianças que ingressam nas escolas públicas brasileiras. Do fracasso na alfabetização à busca de especialistas que pudessem explicá-lo, dos sinais de fracasso à identificação dos quadros patológicos, e daí aos possíveis rótulos a encobrir qualquer possibilidade de expressão ou de diferenciação, as três passaram por um percurso semelhante: foram submetidas a uma avaliação diagnóstica e encaminhadas à classe especial. O trabalho aí realizado e o apoio recebido no CPA foram importantes para que a elas fossem oportunizadas formas diferenciadas de aprendizagem, rompendo com a forma estabelecida pelas semióticas dominantes na escola acerca de seus destinos.

A entrada na escola e a consequente inserção no mundo das letras e dos números nas sociedades letradas são fatos tratados de forma tão natural que não conseguimos pensar que seja normal uma criança não ler ou escrever após seus 8 ou 9 anos de vida. A aquisição da escrita e o desenvolvimento das crianças são aspectos vistos de forma tão natural no contexto das expectativas de nossa cultura letrada que tudo o que foge a essas expectativas adquire um sentido de anormalidade. As diferenças que as crianças apresentam no que se refere ao letramento, por suas deficiências orgânicas ou sociais, acabam por moldar a experiência subjetiva da criança na escola, definindo os sentidos que atribuem à leitura do mundo e de si mesmas. Os casos de Juli, Elane e Rosa se constituem em experiências críticas em face do mundo das letras. O que as aproxima é a força investida para romper com aquilo que o futuro parecia lhes prometer, pressuposto em seus diagnósticos.

Pessoas como elas evocam a possibilidade de pensarmos um devir nos casos de deficiência intelectual, o que coloca em questão as semióticas dominantes sobre essas pessoas e seus efeitos sobre nossas práticas. Embora considerada no contexto das diversidades humanas, os discursos sobre a deficiência intelectual que circulam na escola regular carregam a marca do imperfeito, fazendo com que as pessoas com esse diagnóstico sejam reduzidas às suas falhas, à sua "falta de inteligência", o que, de alguma forma, acaba por inscrever-lhes em uma espécie de destino predeterminado. É comum que esses indivíduos **perpetuem sua existência sob esses efeitos de**

sentido, os quais os enredam e prescrevem sua trajetória escolar. No entanto, a história dessas meninas coloca-nos de frente com a construção e a desconstrução dessa realidade instituída, possibilitando a produção de formas singularizadas de existência.

Os processos de ensino-aprendizagem que ocorrem em sala de aula são muito complexos. As tentativas de explicações para esse fenômeno muitas vezes deixam de lado tal complexidade, pois o estudam em situações artificializadas e daí tiram conclusões gerais e totalizadoras, com uma visão simplificada das múltiplas dimensões que intervêm na prática educativa. Todos sabemos que uma grande parte das teorias de aprendizagem procura explicar modelos e modos de ensino universais, dando a falsa ilusão de que podemos ter uma resposta concludente e definitiva à pergunta "como ensinar?".

Por compreender o processo de ensino em sua complexidade, não podemos prescrever formas de ensinar, tampouco pressupor a existência de fórmulas para aprender como chaves do processo ensino-aprendizagem. Podemos, isto sim, fornecer elementos para a análise e a reflexão sobre a prática, possibilitando uma melhor compreensão sobre os processos que nela intervêm e a consequente avaliação sobre sua pertinência educativa. Nos três casos apresentados, a elaboração de crachás, a narrativa de histórias, a confecção de um livro de tecido, o computador, o vídeo, a poesia apresentaram-se como recursos – estéticos e metodológicos – preciosos para que essas meninas encontrassem formas de expressão diferenciadas que as levassem a resgatar seus laços afetivos, sociais e cognitivos com a leitura e a escrita.

Com elas, podemos aprender que alfabetizar crianças com diferenças significativas em sua capacidade de abstração não requer a priorização de um conteúdo que facilitará seu êxito na aprendizagem de outros conteúdos, o que confere ao ensino um fim em si mesmo. Requer, sim, entender que a alfabetização é um meio de socialização e desenvolvimento de cidadãos comprometidos com a participação e a melhoria da sociedade. Assim, ela deve ser pensada em sua potencialidade como elemento que contribui para a construção do papel dos alunos na sociedade, independentemente de suas necessidades especiais, sendo, portanto, uma forma de atuação centrada em conteúdos referentes a atitudes.

Tanto Juli quanto Elane e Rosa receberam apoio na classe especial e em serviços especializados da comunidade, para que posteriormente fossem reintegradas ao ensino regular. As perguntas que surgem com as reflexões trazidas pelo paradigma da inclusão são: por que essas jovens tiveram que percorrer essa trajetória de retirada do ensino regular, para somente depois serem reinseridas? Teriam Juli, Rosa e Elane conseguido aprender a ler e a escrever no ensino regular? Essas perguntas, contudo, não devem ser respondidas. Elas devem persistir, inquietando-nos na avaliação de nossas práticas e impedindo-nos de nos repetirmos na velha lógica que determina a necessidade de a criança ser preparada fora do ensino regular para reintegrar-se a ele, ou de recuperar-se fora da escola, dos danos por ela provocados. Elas devem permanecer e nos inquietar também para nos impedirem de pensar que a inclusão é uma tarefa simples. Trata-se, na verdade, de uma tarefa que pode tornar-se perigosa se assumida de forma superficial e irresponsável.

O pressuposto do chamado *paradigma da inclusão* é que todos são capazes de aprender. A aprendizagem, porém, pressupõe interação com o mundo, ambientes estimuladores e não estereotipados. Resta-nos investigar se esses ambientes fazem parte do cotidiano das escolas brasileiras e aprofundar nossas discussões sobre a inclusão.

Sabemos que o conhecimento depende da riqueza das experiências oferecidas e é incompatível com o enclausuramento dos rótulos que as pessoas carregam a partir dos diagnósticos a que estão vinculadas, os quais determinam sua experiência subjetiva na escola, convidando-as a serem sempre as mesmas, sob efeito de seus estereótipos, e impedido-as de serem aquilo que se é: sempre diferente.

O que a história dessas meninas produz como efeito é a possibilidade de olhar a deficiência intelectual enquanto devir. É a luta instigante de pessoas que rompem com a força dos modos instituídos de compreender a deficiência como desvio, déficit, falta de inteligência, desconstruindo as semióticas dominantes, desestabilizando-as e possibilitando com isso formas **singularizadas de subjetividade**, que surgem do atravessamento de linhas de alteridade.

A avaliação dos casos discutidos neste livro privilegiou o diálogo como recorte principal para a análise da linguagem. A prática discursiva na avaliação diagnóstica permitiu a identificação dos problemas de linguagem dessas três pessoas. Essa possibilidade de análise se deu em função de uma concepção de linguagem que valorizou seu papel constitutivo para o sujeito, para o conhecimento e para a construção da própria linguagem. Ainda, contemplou uma concepção sobre a constituição das funções psicológicas superiores que analisa a origem destas a partir dos sistemas semióticos historicamente elaborados, dentro dos quais o sistema linguístico se torna significativo e que, ao serem apropriados pelo sujeito, constituem o material concreto da consciência. Assim, os fragmentos, os cortes, os sinais patológicos foram analisados à luz das experiências do indivíduo com a linguagem em seu mundo, a partir de seu universo discursivo.

e para encerrar...

e para encerrar...

INICIAMOS NOSSAS REFLEXÕES nos indagando sobre as formas de nomear o "outro" – *deficiente mental, excepcional, pessoa com necessidades especiais* – e terminamos com Juli, Elane e Rosa. No diálogo com elas, pudemos constatar que o discurso da deficiência continua a produzir seus efeitos na constituição dos sujeitos para além das possíveis sequelas orgânicas e sociais presentes em suas histórias. As meninas nos ensinaram muito sobre o sofrimento humano e sobre as diferenciadas formas de expressão estética da linguagem, confrontando nossas clássicas teorias acerca da inteligência. Quebraram expectativas, interromperam percursos lineares, desafiaram conceitos, produziram desvios em nossa lógica de pensamento, ação e investigação. Esta talvez tenha sido a principal contribuição que pudemos deixar neste livro sobre a inclusão: a inclusão da alteridade.

A análise das políticas públicas de educação especial que fizemos no início do livro levou-nos a constatar uma mudança no sentido, assistencial e terapêutico, que até então era atribuído a essa área. A partir da década de 1990, uma outra interpretação da educação especial tomou-a como modalidade de ensino, e não mais como instância preparadora para o ensino comum. Os discursos oficiais sobre a inclusão e sobre a escola inclusiva ganharam destaque, informando e orientando metodologicamente diversificados procedimentos didáticos como forma de combater a exclusão e de preparar as escolas para atender a todas as crianças. Analisamos também o contexto da educação geral em que devem estar presentes os princípios e as propostas que definem a política de educação especial como situada histórica e socialmente, bem como regido por um modelo econômico que produz efeitos discordantes em relação aos valores pregados pela inclusão nos discursos oficiais. Vimos que as práticas de inclusão se dão em um contexto social contraditório, uma vez que os efeitos do capitalismo globalizado têm se revelado como elemento produtor de novas e diversificadas formas de exclusão. Sobre a exclusão, então, temos muito a considerar pela frente. Não queremos, contudo, negar os ganhos políticos e científicos que tivemos.

Mais do que assumir uma posição em relação aos diferentes modelos de integração ou de inclusão radical, defendemos e propomos a **inclusão da alteridade**, seja na família, seja no trabalho, seja na escola. Com isso, buscamos assegurar não apenas visibilidade e tolerância, pois a tolerância encontra-se muito próxima da indiferença, sentimento próprio do mundo contemporâneo. Procuramos construir um caminho de pesquisa – elegendo o **dialogismo** como ética – que implica necessariamente a presença do "outro". Essa presença implica também, e necessariamente, a tensão, o embate, contribuindo com a construção das identidades, diferentemente da condição de desigualdade e inferioridade verificada no processo de socialização, o qual deforma, destitui, nega, aliena, adoece, embota.

Assim, mais que concluir, queremos deixar uma questão fundamental para que seus efeitos de sentido possam reverberar: que lugar damos ao "outro" diferente de "nós"?

▸ COMO A INCLUSÃO SE ENUNCIA COMO MUDANÇA, E SE MUDAR PRESSUPÕE PENSAR, ENTÃO É PRECISO PENSAR SOBRE A INCLUSÃO QUE DESEJAMOS. E, SE A INCLUSÃO IMPLICA DIFERENÇA, É IMPORTANTE LEMBRAR QUE ELA – A DIFERENÇA – DEVE SE SOBREPOR A QUALQUER LÓGICA HOMOGENEIZANTE.

referências

referências gerais

AMERICAN ASSOCIATION ON MENTAL RETARDATION. **Mental retardation**: definition, classification and systems of supports. Washington, D. C.: AAMR, 2002.

BAKHTIN, M. **Estética da criação verbal**. São Paulo: Martins Fontes, 1992.

BAKHTIN, M. (VOLOCHINOV, V. N.). **Marxismo e filosofia da linguagem**. 5. ed. São Paulo: Hucitec, 1990.

BRASIL. Secretaria de Educação Especial. **Ações, programas e projetos**. Disponível em: <http://portal.mec.gov.br/seesp/>. Acesso em: 10 jun. 2008.

BRASIL. Lei n. 10.172, de 9 de janeiro de 2001. **Diário Oficial da União**, Poder Legislativo, Brasília, DF, 10 jan. 2001. Disponível em: <http://www.planalto.gov.br/ccivil/LEIS/LEIS_2001/L10172.htm>. Acesso em: 15 jun. 2008.

BRASIL. Lei n. 4.024, de 20 de dezembro de

1961.**Diário Oficial da União**, Poder Legislativo, Brasília, DF, 27 dez. 1961. Disponível em: <http://www6.senado.gov.br/sicon/ExecutaPesquisaAvancada.action>. Acesso em: 14 maio 2008.

BRASIL. Lei n. 9.394, de 20 de dezembro de 1996. **Diário Oficial da União**, Poder Legislativo, Brasília, DF, 23 dez. 1996. Disponível em: <http://www.planalto.gov.br/CCIVIL/leis/L9394.htm>. Acesso em: 21 dez. 2006.

BRASIL. CNE. **Diretrizes Nacionais para a Educação Especial na Educação Básica**. Brasília: CEB, 2001.

BRONFENBRENNER, U. **A ecologia do desenvolvimento humano**: experimentos naturais e planejados. Porto Alegre: Artes Médicas, 1996.

CARONE, I. Igualdade versus diferença: um tema do século. In: AQUINO, J. G. (Org.). **Diferenças e preconceito na escola.** São Paulo: Summus, 1998. p. 171-182. v. 1.

CARVALHO, E. N. S. de; MACIEL, D. M. M. de A. Nova concepção de deficiência mental segundo a American Association on Mental Retardation. AAMR: sistema 2002. Temas em Psicologia da SBP, Ribeirão Preto, v. 11, n. 2, 2003.

CASTRO, L. R.; JOBIM e SOUZA, S. Desenvolvimento humano e questões para um final de século: tempo, história e memória. **Psicologia Clínica**, Rio de Janeiro: v. 6, n. 6, p. 99-124, 1994.

CECCIN, R. B. Exclusão da alteridade: uma nota de imprensa e uma nota sobre a deficiência mental. In: SKLIAR, C. **Educação e exclusão**: abordagens sócio-antropológicas em educação especial. Porto Alegre: Mediação, 1997. p. 21-49.

CHAROLLES, M. Coherence as a principle in the interpretation of discourse.

Text: an interdisciplinary journal for the study of discourse, [S. l.], v. 3, n. 1, p. 71-97, 1983.
CONFERÊNCIA MUNDIAL DE EDUCAÇÃO PARA TODOS. **Declaração mundial sobre educação para todos:** Jomtien, 1990. Disponível em: <http://www.unesco.org.br/publicacoes/copy_of_pdf/decjomtien>. Acesso em: 17 mar. 2008.
CONGRESSO INTERNACIONAL "SOCIEDADE INCLUSIVA". **Declaração internacional de Montreal sobre inclusão:** Montreal, Quebec, 2001. Disponível em: <http://portal.mec.gov.br/seesp/arquivos/pdf/dec_inclu.pdf>. Acesso em: 12 maio 2008.
COUDRY, M. I. H. **Diário de Narciso.** São Paulo: Martins Fontes, 1988.
DUSCHATZKY, S.; SKLIAR, C. O nome dos outros: narrando a alteridade na cultura e na educação. In: LARROSA, J.; SKLIAR, C. **Habitantes de Babel:** políticas e poéticas da diferença. Belo Horizonte: Autêntica, 2001. p. 119-138.
ENGUITA, M. F. **A face oculta da escola:** educação e trabalho no capitalismo. Porto Alegre: Artes Médicas, 1989.
FARACO, C. A. Autor e autoria. In: BRAIT, B. (Org.). **Bakhtin:** conceitos-chave. São Paulo: Contexto, 2005. p. 37-60.
FARIAS, N.; BUCHALLA, C. M. A classificação internacional de funcionalidade, incapacidade e saúde da Organização Mundial da Saúde: conceitos, usos e perspectivas. **Revista Brasileira de Epidemiologia**, São Paulo, v. 8, n. 2, p. 187-193, jun. 2005.
FERREIRA, J. R. **A exclusão da diferença:** a educação do portador de deficiência. 2. ed. Piracicaba: Unimep, 1994.

FERREIRO, E.; TEBEROSKY, A. **Psicogênese da língua escrita**. Porto Alegre: Artes Médicas, 1985.

FIERRO, A. As crianças com atraso mental. In: COLL, C.; PALACIOS, J.; MARCHESI, A. **Desenvolvimento psicológico e educação, necessidades educativas especiais e aprendizagem escolar**. Porto Alegre: Artes Médicas, 1995. v. 3.

FOUCAULT, M. **Vigiar e punir**. Petrópolis: Vozes, 1987.

GAGNEBIN, J. M. **Sete aulas sobre linguagem, memória e história**. Rio de Janeiro: Imago, 1997.

GARDNER, H. **Estruturas da mente**: a teoria das inteligências múltiplas. Porto Alegre: Artes Médicas Sul, 1994.

GENTILI, P. Adeus à escola pública: a desordem neoliberal. A violência do mercado e o destino da educação das maiorias. In: GENTILI, P. (Org.). **Pedagogia da exclusão**: crítica ao neoliberalismo em educação. Petrópolis: Vozes, 1995. p. 228-252.

HIPERTEXTO: o universo em questão. **Considerações sobre o tempo em que vivemos**. Disponível em: <http://www.unb.br/fac/ncint/site/parte10.htm>. Acesso em: 31 mar. 2007.

HORKHEIMER, M.; ADORNO, T. W. **Dialética do esclarecimento**: fragmentos filosóficos. Rio de Janeiro: Jorge Zahar, 1985.

JANNUZZI, G. de M. **A educação do deficiente no Brasil**: dos primórdios ao início do século XXI. Campinas: Autores Associados, 2004.

JOBIM e SOUZA, S. **Infância e linguagem**: Bakhtin, Vygotsky e Benjamin. Campinas: Papirus, 1994.

JOBIM e SOUZA, S. Ressignificando a psicologia do desenvolvimento. In: KRAMER, S.; LEITE, M. I. (Org.). **Infância**: fios e desafios da pesquisa.

Campinas: Papirus, 1996. p. 39-54.
JOBIM e SOUZA, S. **Subjetividade em questão:** a infância como crítica da cultura. Rio de Janeiro: 7 Letras, 2000.
JODELET, D. Os processos psicossociais da exclusão. In: SAWAYA, B. (Org.). **As artimanhas da exclusão.** Petrópolis: Vozes, 1999.
KAFROUNI, R.; PAN, M. A. G. S. A inclusão de alunos com necessidades educativas especiais e os impasses frente à capacitação dos profissionais da educação básica: um estudo de caso. **Interação em Psicologia,** Curitiba, v. 5, p. 31-46, 2001.
KASSAR, M. C. M. Marcas da história social no discurso de um sujeito: uma contribuição para a discussão a respeito da constituição social da pessoa com deficiência. **Cadernos Cedes,** Campinas, v. 20, n. 50, p. 41-54, 1999.
LAPLANE, A. L. F. Notas para uma análise dos discursos sobre a inclusão escolar. In: GÓES, M. C. R.; LAPLANE, A. L. F. (Org.). **Políticas e práticas de educação inclusiva.** Campinas: Autores Associados, 2004. p. 5-20.
LEWONTIN, R. C.; ROSE, S.; KAMIN, L. J. **Genética e política.** Lisboa: Publicações Europa-América, 1984.
LUCKASSON, R. et al. **Mental retardation:** definition, classification and systems of supports. 10. ed. Washington, DC.: American Association on Mental Retardation, 2002.
LURIA, A. R. O desenvolvimento da escrita na criança. In: VIGOTSKI, L. S.; LURIA, A. R.; LEONTIEV, A. N. **Linguagem, desenvolvimento e aprendizagem.** São Paulo: Ícone, 1988. p. 143-190.
MANTOAN, M. T. E. Integração X inclusão: educação para todos. **Pátio Revista Pedagógica,** Porto Alegre, n. 5, maio 1998.

MARCHESI, A.; MARTÍN, E. Da terminologia do distúrbio às necessidades educacionais especiais. In: COLL, C.; PALACIOS, J.; MARCHESI, A. **Desenvolvimento psicológico e educação, necessidades educativas especiais e aprendizagem escolar**. Porto Alegre: Artes Médicas, 1995. v. 3.

MARCUSCHI, L. A. **Quando a referência é uma inferência**. Conferência pronunciada no Grupo de Estudos Linguísticos de São Paulo (GEL), Assis, maio de 2000.

MAZZOTTA, M. J. S. **Educação especial no Brasil**: histórias e políticas públicas. São Paulo: Cortez, 1996.

MAZZOTTA, M. J. S. **Fundamentos de educação especial**. São Paulo: Pioneira, 1982.

MENDES, E. A radicalização do debate sobre inclusão escolar no Brasil. **Revista Brasileira de Educação**, Rio de Janeiro, v. 11, n. 33, set./dez. 2006.

MÉSZÁROS, I. **A educação para além do capital**. São Paulo: Boitempo, 2005.

MÉSZÁROS, I. **Para além do capital**. São Paulo: Boitempo; Editora da Unicamp, 2002.

MITTLER, P. **Educação inclusiva**: contextos sociais. Porto Alegre: Artmed, 2003.

MONDADA, L.; DUBOIS, D. Construction des objets de discours et catégorisation: une approche des processus de référenciation. **Travaux neuchâtelois de linguistique**, Neuchâtel, n. 23, p. 273-302, 1995.

MORA, J. F. **Dicionário de Filosofia**. São Paulo: Edições Loyola, 2001.

NOGUEIRA, L. A criança e o computador: trilhando caminhos de pesquisa em educação na modernidade. In: KRAMER, S.; LEITE, M. I. **Infância e produção cultural**. Campinas: Papirus, 1998. p. 97-119.

OMOTE, S. Inclusão e a questão das diferenças na educação. **Perspectiva**, Florianópolis, v. 24, n. especial, p. 251-272, jul./dez. 2006.

PADILHA, A. M. L. O que fazer para não excluir Davi, Hilda, Diogo. In: GÓES, M. C. R.; LAPLANE, A. L. F. (Org.). **Políticas e práticas de educação inclusiva**. Campinas: Autores Associados, 2004. p. 93-120.

PAN, M. A. G. de S. Inclusão: uma fronteira entre o acolhimento e o abandono. In: CONGRESSO NACIONAL DAS APAEs, 20., 2001, Fortaleza. **Anais**... Brasília: Federação Nacional das Apaes, 2001. p. 175-180.

PAN, M. A. G. de S. **Infância e discurso**: contribuições para a avaliação da linguagem. Curitiba, 1995. 181 f. Dissertação (Mestrado em Letras) – Setor de Ciências Humanas, Letras e Artes, Universidade Federal do Paraná, Curitiba, 1995.

PAN, M. A. G. de S. Letramentos e processos subjetivos. In: BERBERIAN, A. P.; MORI-DE-ANGELIS, C. C.; ATHAYDE, G. (Org.). **Letramento**: referências em saúde e educação. São Paulo: Plexus, 2006.

PAN, M. A. G. de S. et al. O mundo da leitura e a leitura do mundo. In: FÓRUM DA INFÂNCIA E ADOLESCÊNCIA, 2., 1999, Curitiba. **Anais**... Curitiba: Unicef, 1999.

PARANÁ. Secretaria de Estado da Educação. **Alfabetização e parceria**. Curitiba, 1991.

PATTO, M. H. S. **A produção do fracasso escolar**: histórias de submissão e rebeldia. São Paulo: T. A. Queiroz, 1990.

PATTO, M. H. S. **Psicologia e ideologia**: uma introdução crítica à psicologia escolar. São Paulo: T. A. Queiroz, 1984.

PATTO, M. H. S. (Org.). **Introdução à psicologia**

escolar. São Paulo: T. A. Queiroz, 1981.

PATTO, M. H. S. (Org.). **Introdução à psicologia escolar.** 3. ed. São Paulo: Casa do Psicólogo, 1997.

PEREIRA, R. M. R.; JOBIM e SOUZA, S. Infância, conhecimento e contemporaneidade. In: KRAMER, S.; LEITE, M. I. (Org.). **Infância e produção cultural.** Campinas: Papirus, 1998. p. 25-42.

PERRONI, M. C. **O desenvolvimento do discurso narrativo.** São Paulo: Martins Fontes, 1992.

PESSOTTI, I. **Deficiência mental:** da superstição à ciência. São Paulo: T. A. Queiroz, 1984.

PIAGET, J. **Epistemologia genética.** São Paulo: Martins Fontes, 1990.

POSSENTI, S. Indícios de autoria. **Perspectiva,** Florianópolis, v. 20, n. 1, jan./jun. 2002.

PSIQWEB. Portal da psiquiatria. **Cid-10. DSM. IV.** Disponível em: <http://virtualpsy.locaweb.com.br/dsm.php>. Acesso em: 6 jun. 2008.

ROCHA, F. **Brincando e aprendendo:** a importância do uso do jogo em intervenção psicopedagógica. 1999. 45 f. Monografia (Graduação em Psicologia) – Setor de Ciências Humanas, Letras e Artes, Universidade Federal do Paraná, Curitiba, 1999.

ROCHA, M. L. Educação em tempos de tédio: um desafio à micropolítica. In: TANAMACHI, E.; ROCHA, M.; PROENÇA, M. **Psicologia e educação:** desafios teórico-práticos. São Paulo: Casa do Psicólogo, 2000. p. 185-205.

SAWAYA, B. (Org.). **As artimanhas da exclusão.** Petrópolis: Vozes, 1999.

SHIRO, M. Inferences in discourse comprehension. In: COULTHARD, M. (Ed.). **Advances in written text analysis.** London: Routledge, 1994. p. 167-178.

SMOLKA, A. L. B. **A criança na fase inicial da escrita:** a alfabetização como processo discursivo. 6. ed. São Paulo: Cortez, 1993.

SOUZA, M. I. O impacto da psicologia na construção histórica do conceito de deficiência mental (GT15). In: REUNIÃO ANUAL DA ANPED, 25., 2002, Caxambu. **Anais...** Caxambu: Anped, 2002. Disponível em: <http:// www.anped.org.br/25/ marciaimaculadasouzat15. rtf>. Acesso em: 17 mar. 2008.

STEPHANUS, P. **Relatório de estágio de psicologia escolar.** 1995. Relatório final apresentado à disciplina de Estágio da Psicologia Escolar, Universidade Federal do Paraná, Setor de Ciências Humanas, Departamento de Psicologia, Curitiba, 1995.

TELFORD, C. W.; SAWREY, J. M. **O indivíduo excepcional.** Rio de Janeiro: Zahar, 1978.

UNESCO. **Declaração Mundial sobre Educação para Todos.** Plano de ação para satisfazer as necessidades básicas de aprendizagem.Jomtien, 1990.

UNESCO. **Declaração de Salamanca sobre Princípios, Política e Prática em Educação Especial.** Brasília: Corde, 1994. Disponível em: <http://www.direitos humanos.usp.br/counter/ Unesco/texto/texto_2.html - 88k>. Acesso em: 18 maio 2008.

VARELA, J. O estatuto do saber pedagógico. In: SILVA, T. T. (Org.). **O sujeito da educação.** Petrópolis: Vozes, 1994. p. 87-96.

VATTIMO, G. **O fim da modernidade.** São Paulo: Martins Fontes, 1996.

VEIGA-NETO, A. Incluir para excluir. In: LARROSA, J.; SKLIAR, C. (Org.) **Habitantes de Babel**: políticas e poéticas da diferença. Belo Horizonte: Autêntica, 2001. p. 105-118.

VEIGA-NETO, A. Quando a inclusão pode ser uma

forma de exclusão. In: MACHADO, M. A. et al. (Org.). **Psicologia e direitos humanos**. São Paulo: Casa do psicólogo, 2005. p. 55-70.

VIGOTSKI, L. S. Aprendizagem e desenvolvimento intelectual na idade escolar. In: VIGOTSKI, L. S.; LURIA, A. R.; LEONTIEV, A. N. **Linguagem, desenvolvimento e aprendizagem**. São Paulo: Ícone, 1988. p. 103-118.

VIGOTSKI, L. S. **A construção do pensamento e da linguagem**. Tradução de Paulo Bezerra. São Paulo: Martins Fontes, 2001.

VIGOTSKI, L. S. **Obras completas**: fundamentos de Defectología. Habana: Editorial Pueblo y Educación, 1989. v. 5.

VIGOTSKI, L. S. **Obras escogidas**. Madri: Visor, 1996. 5 v.

VIGOTSKI, L. S. A pré-história da escrita. In:VIGOTSKI, L. S. **A formação social da mente**. São Paulo: Martins Fontes, 1984.

sobre a autora

bre a autora

MIRIAM APARECIDA GRACIANO DE SOUZA PAN
é professora da graduação e da pós-graduação do Departamento de Psicologia da Universidade Federal do Paraná (UFPR), no qual coordena o Núcleo de Psicologia, Educação e Trabalho. É também líder do grupo de pesquisa do CNPq "Psicologia, Educação e Trabalho".

Doutora e mestre em Estudos Linguísticos pela UFPR, desenvolveu sua pesquisa de mestrado em alfabetização de crianças com deficiência intelectual, tema que aprofundou em seu doutorado, com ênfase nas práticas de letramento escolar e educação inclusiva. É também especialista em Educação Especial pela Pontifícia Universidade Católica do Paraná (PUC-PR), onde se graduou em Psicologia e Fonoaudiologia. Possui artigos publicados em periódicos especializados nacionais e internacionais. Atualmente, desenvolve projetos na área de letramento e inclusão social.

Dados Internacionais de Catalogação na Publicação (CIP)
(Câmara Brasileira do Livro, SP, Brasil)

Pan, Miriam
O direito à diferença : uma reflexão sobre deficiência intelectual e educação inclusiva / Miriam Pan. -- 2. ed. -- Curitiba, PR : Editora Intersaberes, 2023. -- (Série inclusão escolar)

Bibliografia.
ISBN 978-85-227-0429-3

1. Diferenças individuais 2. Educação inclusiva 3. Inclusão escolar 4. Pessoas com deficiência intelectual 5. Pessoas com deficiência – Educação I. Título. II. Série.

23-140934 CDD-371.9046

Índices para catálogo sistemático:
1. Pessoas com deficiência : Educação inclusiva 371.9046

Eliete Marques da Silva – Bibliotecária – CRB-8/9380

intersaberes

Rua Clara Vendramin, 58
Mossunguê • Curitiba • Paraná • CEP 81200-170
Fone [41] 2106-4170
www.intersaberes.com
editora@intersaberes.com

Lindsay Azambuja • editora-chefe
Ariadne Nunes Wanger • gerente editorial
Daniela Viroli Pereira Pinto • assistente editorial
Monique Francis Fagundes Gonçalves • edição de texto
Raphael Bernadelli • fotografias, projeto gráfico
Raphael Bernadelli (design), Sílvio Gabriel Spannenberg (adaptação) • capa
airdone e Nelson garrido Silva/Shutterstock • capa (imagem)
Katiane Cabral • diagramação
Sílvio Gabriel Spannenberg • designer responsável
Regina Claudia Cruz Prestes • iconografia

Foi feito o depósito legal.
1ª edição, 2013.
2ª edição, 2023.

Os papéis utilizados neste livro, certificados por instituições ambientais competentes, são recicláveis, provenientes de fontes renováveis e, portanto, um meio responsável e natural de informação e conhecimento.

FSC
www.fsc.org
MISTO
Papel produzido a partir de fontes responsáveis
FSC® C103535

Impressão: Reproset
Abril/2023